ACHIM PREISS

ABSCHIED VON DER KUNST DES 20. JAHRHUNDERTS

VDG

Die Deutsche Bibliothek – CIP-Einheitsaufnahme
Preiss, Achim:
Abschied von der Kunst des 20. Jahrhunderts / Achim Preiss. - Weimar : VDG, 1999
ISBN 3-89739-082-5

Gedruckt auf alterungsbeständigem Papier.

Gestaltung: Claus Pias & Achim Preiss

ACHIM PREISS
ABSCHIED VON DER KUNST
DES 20. JAHRHUNDERTS

INHALT

7 Vorwort

15 Die Karriere der Monotonie

21 Industriekultur

33 Populär und Populistisch

41 Die Kunst dem Volke — Die Sammlung Hitler

69 Offiziell/Inoffiziell — Die Kunst der DDR

109 Heimat

163 Die Arbeit

193 Die Geschichte

207 Literatur „Kunst des Dritten Reichs“

213 Literatur „Kunst der DDR“

VORWORT

Anläßlich des europäischen Kulturstadtfestes veranstalten die Kunstsammlungen in Weimar 1999 einen großangelegten Rückblick auf die deutsche Kunstgeschichte der letzten hundert Jahre.

Der Titel „Aufstieg und Fall der Moderne" verweist schon darauf, daß im Mittelpunkt der Betrachtung die Geschichte der Moderne steht, die in Weimar wichtige Wurzeln hat. Henry van de Velde und Harry Graf Kessler kommt der Verdienst zu, der Moderne hier den Boden bereitet zu haben. Van de Velde schlug 1916 unter anderen Walter Gropius als seinen Nachfolger vor, der 1919 das Direktorat der Kunstgewerbeschule übernahm und unter dem neuen Namen Bauhaus die sicherlich besten Künstler seiner Zeit in Weimar zusammenbrachte. Den Bauhäuslern folgte 1926 eine weitere Berühmtheit, der Bauhaus-Schüler und Architekt Ernst Neufert nahm in Weimar seine selbständige Tätigkeit auf und legte hier die methodischen Grundsteine für die Architektur des Wiederaufbaus nach dem 2. Weltkrieg. Das Bauhaus, seine Formensprache und seine Pädagogik, wurde dann nochmals vorbildlich für einen Wiederbelebungsversuch, den der Architekt Hermann Henselmann 1945 unternahm. Er war von der sowjetischen Militäradministration beauftragt, der Kunst- und Architekturhochschule ein neues antifaschistisches Konzept zu verschaffen.

1993 kehrte nach etwa 40jähriger Unterbrechung die künstlerische Ausbildung an diese Hochschule zurück, die in diesem Zusammenhang den Namen Bauhaus in ihren Titel aufnahm, um den künstlerischen Neubeginn sinnfällig zu dokumentieren. Schließlich eröffnete am 1.1.1999 das sanierte und rekonstruierte Landesmuseum in Weimar mit einer Ausstellung der Sammlung Paul Maenz, die einen repräsentativen

Überblick der modernen, atlantischen Kunstentwicklung seit den 60er Jahren bietet, wie sie während der DDR nicht zu sehen war.

Die Weimarer Geschichte der Moderne ist wesentlich gekennzeichnet durch Diskontinuität, politische und kulturelle Auseinandersetzungen und Konflikte. Schon van de Velde wurde bereits einige Jahre nach seiner Ankunft 1902 und trotz eindeutiger, auch ökonomischer Verdienste allmählich demontiert, am Vorabend des Weltkriegs schließlich entlassen und sogar mit Gefängnis bedroht. Dem Bauhaus widerfuhr ein ähnliches Schicksal, es wurde durch seine konservativen Gegner in einen bürokratischen und politischen Konflikt gezogen, aus dem der Weggang des Bauhauses nach Dessau resultierte. Die Ära Neuferts, der zusammen mit dem älteren Kollegen Otto Bartning erstmals den akademischen Architekturunterricht in Weimar eingeführt hatte, endete 1930 mit dem Direktorat des Architekten, Kunstgewerblers und Künstlers Paul Schultze-Naumburg. Der nationalsozialistische Innenminister Frick hatte ihm drei Jahre vor der nationalen Machtergreifung die Gelegenheit geboten, in Weimar eine erste linientreue Kunst- und Architekturhochschule einzurichten und jegliches moderne Kunstverständnis auszumerzen. Nach 1945 gab es unter dem neuen Direktor Hermann Henselmann ein kurzes Intermezzo der Moderne, die allerdings in eher gemäßigter Form auftrat und schon aufgrund der schlechten materiellen Verhältnisse keine überragenden Leistungen erbringen konnte. Die unter dem Vorzeichen des Stalinismus Anfang der 50er Jahre beginnende Formalismus-Debatte verhalf dem sozialistischen Realismus zum Sieg und beendete die Weiterentwicklung der Moderne auch in Weimar, beendete hier überhaupt die 1860 eingerichtete künstlerische Ausbildung. Der Kunstunterricht und damit auch ein modernes Kunstverständnis kehrten erst 1993 wieder an die Hochschule zurück.

Viermal stieg die Moderne in Weimar auf, dreimal siegten ihre Gegner. Daher waren die Veranstalter der Meinung, daß die Geschichte der Moderne ohne die Beschreibung ihrer Konfliktpartner nicht vollständig und nicht erklärbar ist. Die Retrospektive der Moderne begleitet eine Ausstellung antimoderner Arbeiten, die ihren Triumphen entsprechend in drei Abteilungen gegliedert ist. Sie beginnt mit den Werken der konservativen Künstler, der van de Velde- und Rodin-Gegner aus dem ersten Jahrzehnt des 20. Jahrhunderts. In diese Abteilung gehören auch die Hinterlassenschaften der Kunsthochschule, die sich 1921 vom Bauhaus abspaltete und eigenständig bis 1930 existierte. Hier kommen Arbeiten zur Ausstellung von Engelmann, Gugg, Klemm und Dorfner, die teilweise im Dritten Reich und der DDR bruchlos produzieren und unterrichten durften.

Die zweite Abteilung betrifft die nationalsozialistische Kulturproduktion. Allerdings reichen die Exponate, die aus Weimar stammen, nicht zur Dokumentation der Kunst des Dritten Reichs aus. Es bot sich daher an, die seit dem Ende des 2. Weltkriegs weitgehend unter Verschluß gehaltene Kunstsammlung zu zeigen, die Hitler selbst angelegt hatte. Dabei handelt es sich um einen Bestand von 705 Werken, die Hitler und sein Beauftragter Heinrich Hoffmann auf den Großen Deutschen Kunstausstellungen in München zwischen 1937 und 1944 erworben haben. Davon wurden 140 Arbeiten für die Weimarer Ausstellung ausgewählt, die das spezielle Kunstverständnis des Dritten Reichs belegen.

Die dritte Abteilung beschäftigt sich dann abschließend mit der Kunst der DDR als der letzten konservativen Kunstbewegung in Deutschland. Die Bestände der Weimarer Kunstsammlungen wurden zu diesem Zweck ergänzt mit einer Kombinatsammlung, einer Hochschulsammlung, der Sammlung des Deutschen Historischen Museums in Berlin, einer Auswahl aus dem Bestand des Dokumentationszentrums für die Kunst der DDR in Beeskow sowie etlichen Kunstwerken aus privatem Besitz. Es handelt sich also um die Kunstausstellung einer nicht mehr existierenden Nation. Die Bewertung der DDR-Kunst als konservativ trifft allerdings nur auf die staatstreue Produktion der 50er und 60er Jahre zu. Gegen Ende der DDR gab es, wie im Westen auch, nur noch in belanglosen Ausnahmefällen eine konservative Kunstproduktion, sie war einfach ausgestorben, hatte ihre Protagonisten, ihre Autoren und ihr Publikum auf natürliche Weise verloren.

Es lassen sich drei Stilrichtungen der Antimoderne des 20. Jahrhunderts ausmachen: Die akademisch-konservative Kunst, die vom Beginn des 20. Jahrhunderts bis zum Dritten Reich die Entwicklungslinien des 19. Jahrhunderts fortsetzte; die Bildproduktion des Nationalsozialismus, die dem populären Kunstverständnis folgte und jede intellektuelle Komplikation vermied; der sozialistische Realismus, der einem politisch festgelegten Erziehungs- und Bildungsauftrag nachkam und aus didaktischen Gründen an das volkstümliche Niveau und Verständnis anknüpfte. Die Gemeinsamkeit aller drei Richtungen soll in der Ausstellung vermittelt werden.

Ausgehend von der kunsttheoretischen These, daß alle epochalen Stile von einer volkstümlichen Identifikation hervorgebracht und getragen wurden, bemühten sich die Künstler, die tatsächliche indifferente Volksmeinung so zu systematisieren und zu uniformieren, daß sie sich zu einer sicheren Basis für künstlerische Höchstleistungen entwickelte. Der versuchte Zugriff auf den Volksgeist war auch für die Kulturpolitik der Diktaturen attraktiv, weshalb sich hier eine Zusammenarbeit zwischen Kunst und Staat zum gegenseitigen Nutzen anbot.

Diese Politik hinterließ tatsächlich Spuren im allgemeinen volkstümlichen Kunstverständnis, so daß die in ihren politischen Intentionen unterschiedlichen, antimodernen Richtungen dennoch gezwungen waren, aufeinander Bezug zu nehmen. Daraus ergibt sich logisch eine alle Entwicklungen des 20. Jahrhunderts überdauernde Kontinuität der Antimoderne.

Zu diesem antimodernen Kunstverständnis gehört auch die Annahme, daß die Kunst ihre Entstehungszeit überdauert. Eine zweite Gemeinsamkeit besteht also darin, daß die Antimoderne keine Verbindung zu den aktuellen Gestaltungsproblemen der Gesellschaft suchte, daß sie diesen bewußt auswich mit der Behauptung, die Arbeit an diesen Problemen gehöre nicht in das akademische Betätigungsfeld. Stattdessen wurden die gestalterischen Aufgaben in der Akademie und den Ateliers definiert und in dem historisch vorgegebenen Rahmen der Malerei, Plastik und Grafik abgehandelt.

Es ging dabei um die Bewahrung akademischer Maßstäbe zur Beurteilung artistischer Leistungen, die durch die Moderne fortlaufend in Frage gestellt waren. So ergab sich aus der bewußt antimodernen Haltung eine merkwürdige Indifferenz gegenüber den realen Ereignissen und tagespolitischen Geschehnissen. Das trifft auch und gerade auf die staatskonforme Kunst zu, die deswegen so gekünstelt und lebensfern erscheint, weil sie so gut wie nichts über die Verhältnisse, Visionen und Frustrationen ihrer Zeit mitteilt.

Nicht trotz, sondern wegen dieser Indifferenz konnte die Antimoderne politisch in Dienst genommen werden. Sie überließ die Interpretation und Verwertung ihrer Werke der jeweils herrschenden Macht, ganz im Gegensatz zur Moderne, die sich alle Mühe gab, über die künstlerischen Mittel auch die Rezeption anzuleiten und zu beherrschen. Daraus können nun einige Phänomene leicht erklärt werden.

Erstens war die Kunst der Antimoderne weniger anspruchsvoll. Der daraus resultierende Minderwertigkeitskomplex der Antimoderne gegenüber der Moderne verhinderte eine direkte Konfrontation der beiden Positionen auf künstlerischer Ebene. Von Beginn an versuchte die Antimoderne, ihre Gegner mit politischen, das heißt nicht-künstlerischen Mitteln zu bekämpfen. Die antimodernen Künstler selbst suchten die Verbindung mit der jeweiligen Staatsmacht, um so den besonderen Kunstraum, das akademische Milieu vor Übergriffen und Einbrüchen schützen zu können. Daher war vielen Künstlern der Antimoderne auch ein diplomatisches Geschick zu eigen, was leicht an dem kontinuierlichen Erfolg zu sehen ist, den manche konservativen Maler in ganz unterschiedlichen Regierungssystemen feiern konnten.

Zweitens erklärt sich aus der tendenziellen Indifferenz der antimodernen Kunst in Kombination mit ihrer akademischen Beharrlichkeit auch die Gleichförmigkeit ihrer Werke, die weit hinter der Formenvielfalt der Moderne zurückblieb. Tatsächlich unterscheiden sich die antimodernen Arbeiten aus dem ersten Drittel des 20. Jahrhunderts, die vornehmlich die Entwicklungen des ausgehenden 19. Jahrhunderts fortsetzten, nur wenig von den Erzeugnissen des Dritten Reiches und diese wiederum kaum von den Werken des sozialistischen Realismus. Nur weil man sich dieser peinlichen Tatsache überwiegend bewußt ist, gilt es als höchst verwerflich und beleidigend, tatsächlich eine Zusammenschau von NS-Kunst und sozialistischer Kunst zu veranstalten.

Die Antimoderne war also wegen ihres apolitischen Charakters eine politisch verwertbare Kunst, und sie war volkstümlich, weil sie irreal, historisch-utopisch und artistisch-elitär auftrat, also keine Volkskunst im herkömmlichen Sinne, sondern davon nur eine Fiktion.

Wie schon angedeutet, gehen die Ausstellung und der vorliegende Kommentar davon aus, daß es keine starke konservative Kunst mehr gibt und daß die untergegangenen antimodernen Stilbewegungen keine Renaissance erleben werden. Sie haben den Verlust des staatlichen Rückhalts nicht überleben können, weil ihnen letzten Endes doch das Publikum fehlte. Eine solche Ansicht, die sich im übrigen gegen das allgemeine und akademische Kunst- und Geschichtsverständnis richtet, hat weitreichende Konsequenzen, denn es läßt sich leicht ableiten, daß auch die Moderne ohne ihre alten Gesinnungsgegner nicht weiterleben kann. Ihre Formen und Motive werden durch den Tod der konservativen Kunst größtenteils bedeutungslos.

Die mit großem Aufwand zum vierten Mal wiederbelebte Moderne, die auch in Weimar nach 1989 den Anbruch einer neuen Zeit belegen sollte, brachte daher nichts Neues. Es war höchstens die Qualitätsverbesserung eines auch in Ostdeutschland schon längst bestehenden Kunstverständnisses. Keinesfalls kann dieser, sich selbst als modern verstehende Kunstbetrieb einen gesellschaftlichen Umbruch repräsentieren, dafür fehlt es ihm an Jugendlichkeit, ihm fehlt jeder experimentelle und provozierende Charakter, jedes Interesse an der Zukunft. So wurde im Zuge der Wende nur ein ostdeutscher Behördenstil gegen einen westdeutschen Behördenstil ausgetauscht, der sich durch eine aufwendigere und vielleicht artifiziellere Formulierung der gleichen Sprache auszeichnet.

Die für das 20. Jahrhundert so charakteristische Spannung zwischen einem konservativen und einem modernen Pol hat sich also offensichtlich vollständig entladen, und es scheint an der Zeit, die kulturellen Errungenschaften des 20. Jahrhunderts auf ihre zukünftige Tauglichkeit zu untersuchen.

DIE KARRIERE DER MONOTONIE

Dieser Kommentar handelt von der Beziehung zwischen der Gesellschaft, dem Volk, der Allgemeinheit auf der einen und den wichtigsten künstlerischen Ideengebäuden des 20. Jahrhunderts auf der anderen Seite. Im Zentrum der Beschreibung stehen daher die Kunstrichtungen, für die eine enge Beziehung zum Volk von größter, auch ästhetischer Bedeutung war. Obwohl sie nach dem heutigen Verständnis durchweg als konservativ gelten, waren diese Kunstrichtungen erst mit dem 20. Jahrhundert und zwar gleichzeitig mit der Moderne entstanden. Wie bei der Moderne auch finden sich die frühesten Grundlagen schon im 19. Jahrhundert, auf die wir zuerst näher eingehen wollen.

Die Industrialisierung löste im Laufe des 19. Jahrhunderts einen ungekannten Nivellierungsprozeß aus, der zur Auflösung der vielen regionalen Märkte in Deutschland zugunsten eines einheitlichen nationalen Marktes führte. Bis dahin waren die Märkte regional mehr oder weniger stark voneinander abgeschottet, durch Im- und Exportbeschränkungen, durch beschränkte und reglementierte Angebote staatlich beaufsichtigt. Die Reglementierung des Angebots war eine logische Folge der feudalen Kleinstaaterei und des herrschenden Prinzips, Reichtum und Überfluß nach traditionell und kulturell festgesetzten Privilegien zu verteilen.

Solche privilegienabhängigen Verteilungsprinzipien begleiten im Allgemeinen Mangelwirtschaft und Produktionsformen, die den Bedarf nicht decken können. Mangelanfällige Märkte werden nicht beherrscht und bestimmt von den Produzenten, Anbietern und Kunden, sondern von Privilegierten, die diktatorisch über die Marktregeln wachen. Nur so können bei Knappheit von lebenswichtigen Warenangeboten, wie es bei einer rein agrarischen Wirtschaft aus natürlichen Ursachen häufiger der Fall ist, Wucherpreise und Unterversorgung verhindert und die öffentliche Ordnung erhalten werden.

Die industrielle Massenfabrikation erzwang die Öffnung und Zentralisierung der regionalen Märkte im deutschen Raum, auch wenn das den Konventionen und der Besitzwahrung des Adels widersprach. Die Gründe dafür lagen in erster Linie im Bereich der Machtpolitik, da sich die bereits industrialisierten Gesellschaften mit ihren nationalisierten Märkten zum Beispiel in Frankreich und Großbritannien als in jeder Hinsicht überlegen erwiesen hatten. Die französische Volksarmee mit ihrer modernen Bewaffnung bedrohte die Souveränität der deutschen Kleinstaaten, insbesondere die Rheinprovinzen, während die britischen Industrieprodukte in die deutschen Märkte einbrachen und immer mehr Wirtschaftskraft entzogen. Insbesondere das preußische Königshaus bemühte sich, durch die Zentralisierung und Nationalisierung der deutschen Märkte, durch die Förderung industrieller Produktionen und neuer Verkehrssysteme, diese Entwicklung zu beenden und umzukehren.

Dadurch wurde aber auch die Verteilung, die Anspruchsberechtigung an dem gesellschaftlichen Reichtum, die bislang wesentlich auf Privilegien beruhte, unzweckmäßig. Die Massenfabrikation war und ist ihrem Wesen nach auf dynamisches Wachstum angelegt, sie lebt von einer ständigen Steigerung der Produktivität und des Produktionsausstoßes, deswegen tendiert sie zu Überproduktionen und erfordert eine permanente Zunahme der Käufermassen. Dieser Entwicklung standen die überkommenen Anspruchsberechtigungen, die adeligen Privilegien im Wege, die eine Vergrößerung des Marktraums und die notwendige Steigerung der Kaufkraft bei den Unterprivilegierten verhinderten. Dazu kam, daß die Industrie unzählige Kleinbetriebe aufsog, was zu einer gigantischen Konzentration von Kapital in wenigen Händen führte, und dieses Kapital stand dem wirtschaftlichen Kreislauf nur noch eingeschränkt zur Verfügung, die Massenkaufkraft entwickelte sich nicht, Überproduktionen und Konkurse waren die Folge.

Es stellte sich im Laufe des 19. Jahrhunderts immer deutlicher heraus, daß die Industrialisierung nicht nur größere Märkte und damit bessere Absatzmöglichkeiten brauchte, sondern auch ein neues Verteilungssytem. Das führte zwangsläufig zu einer Abwertung von Privilegien und einer Aufwertung von Arbeit, zu einem neuen industriellen Arbeitsbegriff. Um die Anspruchsberechtigung der Arbeitenden am erwirtschafteten Gewinn errechnen und bewerten zu können, wurde die Arbeitszcit zugrundegelegt. Die Verzeitlichung von Arbeit setzte aber auch eine Gleichheit und Vergleichbarkeit der Arbeitsleistung voraus, die nur durch eine Systematisierung und Vereinheitlichung der Arbeit zu erreichen war. Die individuellen Fähigkeiten, die Branchenzugehörigkeit, die jeweilige regionale Marktsituation, die Herkunft, Religionszugehörigkeit, der Familienstand und vieles andere, was die Menschen früher unterschied, verschwanden allmählich zugunsten immer gleicher werdender Arbeitsverhältnisse. In der Folge erwies es sich als politisch und sozial zweckmäßig, immer größere Gruppen und Interessengemeinschaften, einfach Masse zu bilden, also eine Vereinheitlichung der Arbeitsbedingungen, damit auch der Einkommensverhältnisse und der Lebensformen zu bewirken. Auf dieser Basis ließen sich soziale Absicherungssysteme, genossenschaftliche Wohnformen und andere gemeinschaftliche Großprojekte organisieren, die zu einer allmählichen Steigerung des allgemeinen Wohlstands geeignet waren.

Parallel zur Herausbildung dieser Massengesellschaft entwickelte die Industrie immer neue Normen, Standards und Typen mit dem Ziel jeglichen Produktionsablauf in viele, immer gleiche, exakt wiederholbare Arbeitsschritte zu zerlegen. Das war nicht nur eine Folge der fortschreitenden Mechanisierung der Produktion, sondern auch der vornehmlich zeitlichen Bewertung der Arbeitsleistungen. Nur exakt meßbare Arbeitszeitabläufe ermöglichten auch eine exakte Berechnung der Produktionskosten und bildeten eine gesicherte Grundlage für Lohnverhandlungen. Die so eingeführte Mechanisierung der Produktion, die möglichst monotone Wiederholung exakt berechenbarer Arbeitsgänge, führte nicht nur zur Steigerung von Produktion, von Produktivität und damit von Profit, sondern zog auch eine Mechanisierung der Lebensverhältnisse nach, geregelte Arbeits- und Freizeiten, gesicherte Einkommensverhältnisse und darauf aufbauend soziale Absicherungen bei Krankheit und Alter.

Damit begann die Karriere der Monotonie und ihre gleichsam religiöse Bedeutung für die industrialisierten Gesellschaften des 20. Jahrhunderts, die exakte, präzise Wiederholung eines bestimmten Vorgangs als Mittel der Perfektionierung, der Effizienzsteigerung und Vermehrung des Wohlstands.

Die Sehnsucht nach der Monotonie brachte im 20. Jahrhundert jene unzähligen Gesellschaftsentwürfe hervor, die eine Gleichschaltung aller Lebensbereiche nach einem Schema, nach einer Doktrin, nach einem Generalplan beabsichtigten. Dahinter stand immer das Bild von der Gesellschaft als einer Maschine, deren Funktionstüchtigkeit, deren Kraftentfaltung, Geschwindigkeit, Zuverlässigkeit und Ausdauer von der Logik und Präzision ihrer Konstruktion abhing. Daraus ergaben sich Prinzipientreue und Institutionsgläubigkeit, Dogmatismus und Harmoniesucht als kollektive Grundhaltung, und es zählt zu den Eigentümlichkeiten des 20. Jahrhunderts, daß solche geschlossenen totalitären Gesellschaftsentwürfe vielfach populär werden konnten. Die totalitären und autoritär verfaßten

Staatsformen basierten also nicht nur auf Gewalt und Terror gegen die Bevölkerung, sondern nicht selten auf deren Zuspruch und Duldung. Man erhoffte sich von einem zuverlässigen, reibungslosen, genau geplanten und berechneten Funktionsablauf in Politik und Ökonomie eine ständige Zunahme des allgemeinen Wohlstands und der sozialen Sicherheit. Es herrschte sogar überwiegend das Interesse vor, die jeweilige öffentliche Ordnung gerade in Krisensituationen zu bewahren, die Krisen durch Detailveränderungen zu bekämpfen, ohne jedoch den Generalplan anzutasten.

Die politischen und kulturellen Ideengebäude des 20. Jahrhunderts waren aufgrund ihres Anspruchs auf universelle Verbindlichkeit wesentlich statischer und fortschrittsfeindlicher als die des 19. Jahrhunderts. Der generelle Konflikt zwischen Tradition und Fortschritt konnte im 19. Jahrhundert noch meistens zugunsten des Fortschritts gelöst werden, denn es bestand mehrheitlich die Hoffnung, daß technische, wirtschaftliche, soziale und kulturelle Entwicklungen zur Überwindungen der alten, anachronistischen Gesellschaftsordnungen beitragen.

Auch die großen Kulturbewegungen des 20. Jahrhunderts bemühten sich, vor allem den technischen Fortschritt zu beherrschen und durch universell verbindliche Entwürfe, durch gesellschaftliche Gesamtkunstwerke unter Kontrolle zu halten Solche Ziele konnten nur durch die Erzeugung von Monotonie, von unendlichen Kreisbewegungen erreicht werden. Alles was sich nicht in monotone Formen verwandeln ließ, galt als unökonomische Ausnahme von der Regel. Damit wurde das Originelle, Einmalige und Unwiederholbare zum Merkmal und Kennzeichen des Individuellen, des Privaten und hatte damit einen geringeren Wert als das Einförmige und Monotone, das Herrschaft, Staat und Wirtschaft bezeichnete. Die Industrialisierung bewirkte auf diese Weise eine Umkehrung der herkömmlichen Kulturwerte, da in der vorindustriellen Zeit, die eigentümlichen, originellen Formen Erhabenheit und Herrschaft ausdrückten, während das Einförmige und Monotone zum Volk gehörte.

❧

INDUSTRIEKULTUR

Bis zur Industrialisierung war die Alltagsarchitektur regional relativ einheitlich, rationelle, standardisierte Bauverfahren ließen ähnliche Formen entstehen. Die nur wenig bemittelte Mehrheit des Volkes wohnte in nach heutigen Maßstäben winzigen Einfamilienhäusern, die in viele kleine Kammern und Stuben aufgeteilt waren, um das Zusammenleben der meist vielköpfigen Großfamilien zu ermöglichen. Die Form dieser Häuser war Resultat größtmöglicher Einsparungen an Material und Verarbeitungszeit, nichts anderes als Baukastensysteme, die von einer darin spezialisierten Handwerkerschaft in kürzester Zeit erstellt werden konnte. Eines der größten Probleme der Alltagsarchitektur bestand in der Energiegewinnung durch Wärmeerzeugung, wozu man abgesehen von volkswirtschaftlich unbedeutenden Ersatzstoffen wie Torf, Stroh und Öl vornehmlich Holz brauchte. Mit allmählicher Zunahme der Bevölkerung, aber hauptsächlich durch die Zunahme der Produktivität wurde Holz knapp. Da dieser Stoff vom Kochlöffel, über den Dachstuhl bis zum Frachtschiff Hauptbestandteil der Produktion war, darüber hinaus auch der produktionsrelevanten und privaten Wärmegewinnung diente, gerieten die Holzpreise immer wieder unter enormen Druck. Das wirkte sich insbesondere auf die volkstümliche Architektur aus, die mit kleinformatigen Räumen und Fenstern versuchte, den winterlichen Holzverbrauch so gering wie möglich zu halten. Außerdem mußte auch der Einsatz gebrannter Baustoffe (Ziegel, Zemente, Glas, Eisenbeschläge, Kacheln usw) begrenzt werden, da deren Preisbildung vom Holzverbrauch wesentlich beeinflußt war. Es hatte also hauptsächlich ökonomische Gründe, daß an den niederdeutschen Hallenhäusern, den fränkischen Fachwerkhöfen und den Almhütten auch die größten Baukunstereignisse spurlos vorüberzogen.

Nur die Kirchen und Klöster, Burgen und Schlösser, später auch die Rathäuser und Wohnhäuser des Großbürgertums ragten über diese Nutzbauten hinaus und folgten international verbreiteten Stilen, die aufgrund ihrer hohen intellektuellen und herstellungstechnischen Anforderungen von normalen, regionalen Baubetrieben kaum bewältigt werden konnten und daher auch keinen Eingang in die Alltagsarchitektur fanden.

Im letzten Drittel des 19. Jahrhunderts begaben sich etwa 80% der deutschen Bevölkerung auf Wanderschaft, zogen aus den ländlichen Gebieten in die Großstädte, vor allem aber in die neuen Wirtschaftszentren, in die Kohle- und Stahlreviere und mit dieser Völkerwanderung gingen natürlich auch die zahlreichen volkstümlichen Kulturformen unter.

Wesentliche Veränderungen ergaben sich durch die Notwendigkeit eines neuen Wohnungsbaus, der durch die massenhafte Landflucht ausgelöst wurde. Industrielle Produktionsformen hielten damit erstmals Einzug in die Bauwirtschaft, da die Aufgabe einer Massenherstellung von Wohnraum mit den herkömmlichen Methoden nicht zu bewältigen war. Außerdem waren die Formen sozial disfunktional geworden, da die mit der Industrie gewachsene bürgerliche Mittelschicht und die Masse der Arbeiterschaft die großfamiliären Lebensstrukturen wegen Unzweckmäßigkeit aufgegeben hatten. Die Notwendigkeit einer enormen Wohnverdichtung hatte dazu geführt, daß nicht nur eine, sondern mehrere Familien unter einem Dach leben mußten, was zu einer völlig anderen Architektur führte.

Die ersten sinnvollen Lösungen dieser Aufgabe finden sich am Anfang des 19. Jahrhunderts in Paris, kurze Zeit später in Berlin, dann in fast allen europäischen Großstädten. Paris hatte sich, wie alle anderen europäischen Städte, ausgehend von den mittelalterlichen Dispositionen ihrer Gründung verdichtet und zwar nach dem Prinzip eine Familie — ein Dach. Eine mit Zunahme der Bevölkerung fortlaufende Ausdehnung des Stadtraums scheiterte nicht nur in Paris an rechtlichen Verhältnissen, an den Kosten der Erschließung und an der Gewährleistung einer Nahversorgung mit agrarischen Produkten. Da die europäischen Städte aufgrund der Einfamilienhaus-Struktur nicht nach oben wachsen konnten, hatte das überall zu in jeder Hinsicht beengten Verhältnissen geführt, die unökonomisch, unhygienisch und im Katastrophenfall auch lebensgefährlich waren.

Haussmann hatte dann in Paris für einen grundsätzlichen Formatwechsel gesorgt, aus herstellungs- und versorgungstechnischen Gründen wurden die Straßen verbreitert und zu großen Achssystemen verlängert. Die Zusammenfassung von Kleinparzellen erlaubte die Vergrößerung der Wohnungsgrundrisse, die dem Lebensraum einer Kernfamilie oder halbgroßen Familie angepaßt waren. Diese Horizontalisierung und Höhenschichtung der individuellen Lebensräume bewirkte eine weitere, aber unmerkliche Verdichtung, da auch die Freiräume wesentlich zunahmen, die notwendig waren, um dem erhöhten Personen- und Güterverkehr Platz zu machen.

Dieses städtebauliche Prinzip wirkte sich in Deutschland vorbildlich auf die Anlage vorstädtischer Neubauviertel aus, während man anders als in Paris die mittelalterlichen Zentren meist noch unberührt ließ. Die Flächenausdehnung war bedingt durch die Gründung neuer industrieller Produktionen und möglich durch einen überregionalen Schienenverkehr, der den Güternahverkehr mit Pferdefuhrwerken, von denen die Belieferung der städtischen Märkte abhing, allmählich verdrängte. Durch die Bahn beschleunigte sich der Güterverkehr, und der Nahversorgungsraum der Städte vervielfachte sich, die Besiedlung der stadtnahen landwirtschaftlichen Flächen wurde unproblematisch.

Neben diesen Stadterweiterungen schufen vor allem die Stadtneugründungen in Kohle- und Stahlrevieren des Ruhrgebiets ein bis dahin unbekanntes Bauvolumen. Dessen Bewältigung war Aufgabe der Industrie, die handwerkliche Herstellung konnte trotz größtmöglicher, und jahrhundertelang einstudierter Sparsamkeit nicht dagegen konkurrieren. So verschwand ab Mitte des 19. Jahrhunderts die herkömmliche Gebrauchsarchitektur und ihre seit Jahrhunderten erprobten und wiederholten Formen allmählich zugunsten industrieller Bautypen.

Diese neue, traditionsbrechende Architektur läßt sich nicht nur auf städtebauliche Anforderungen, sondern auch auf die Behebung des Energieproblems durch den industriellen Kohleabbau zurückführen. Lange vor der Industrialisierung kannte man schon die Überlegenheit fossiler Energieträger, doch erschien der Abbau zu aufwendig und wurde erst durch die Erfindung entsprechender Maschinen rentabel. Die massenhafte Gewinnung von Kohle reduzierte dann die Energiepreise und damit die Preise für Baustoffe aus energieverzehrender Herstellung. Daher wurden Rohprodukte, die keine fossile Energie verbrauchten, deren Verarbeitung aber mehr Arbeitszeit kostete als die Verwendung vorgefertigter Elemente, allmählich aus dem Bauprozeß gedrängt, womit dann auch die regional differenzierte volkstümliche Architektur verschwand.

Verantwortlich für die fortlaufende Vereinheitlichung der neuen Alltagsarchitektur war die großserielle Herstellung zum Teil schon vorgefertigter Bauelemente, wie sie durch die Verkehrs- und Industriebauten dieser Zeit ausgelöst wurde. Auch dabei kam der Bahn eine Vorreiterrolle zu. Sie benötigte mit rapide steigendem kommerziellen Erfolg eine Vielzahl unterschiedlicher Gebäude: Empfangsgebäude, Bahnsteighallen und Überdachungen, Verwaltungen, Brücken und Tunnel, Lagerhallen, Schuppen und Wohnungen für Bedienstete. Es bot sich an, damit industrielle Hersteller und Großlieferanten zu beauftragen. Diese fertigten die Gebäude auf dem jeweiligen Stand der Technik vor, lieferten den kompletten Bausatz mit der Bahn direkt auf die Baustelle und ließen diesen meist von örtlichen Betrieben montieren. Dieses Baustoffsortiment, dessen massenhafte Herstellung die Bahn ausgelöst hatte, wurde dann auch im Industrie- und Wohnungsbau übernommen, da es am billigsten, am schnellsten zu verarbeiten und überall verfügbar war, wo es Schienen und Bahnhöfe gab.

Da die Bahn ganz unterschiedliche Bauaufgaben und -volumen zu bewältigen hatte, bevorzugte sie den Ziegel als Hauptmaterial. Aufgrund seiner hervorragenden technischen Eigenschaften und seines kleinen Formats konnte man mit dem Ziegel den verschiedenen Anforderungen in konstruktiver, formaler und funktionaler Hinsicht gerecht werden. Die Ökonomie des Materials endete nur bei Großkonstruktionen, wofür die Bahn erst Gußeisen, dann Stahl, schließlich armierten Beton einsetzte. Der Ziegel hatte außerdem den Vorteil, daß er sich mit fast allen gängigen Baustoffen kombinieren ließ – Holz, Stein, Beton, Stahl – und daher eine großen gestalterischen Spielraum eröffnete. Die Fassaden konnten in der einfachsten Form steinsichtig bleiben, mit Stuckornamenten teildekoriert oder ganz verputzt werden, und vertrugen auch aufwendige Natursteinverkleidungen.

Mit durchschlagender Wirkung auf andere Bauaufgaben hatte die Bahn nicht nur die Massenproduktion von Ziegel und Zement, sondern auch von Glas und Stahl ausgelöst, die für die Konstruktion und Deckung der riesigen Bahnsteighallen benötigt wurden. Es handelte sich dabei um fabrikfertige Montagebausätze, die auch für den Industriebau als Metall-

Sprossenfenster oder Sheddach-Fenster leicht abgewandelt werden konnten. Zwecks Eindachung und Umnutzung von Innenhöfen fanden ähnliche eisengetragende Oberlichter im Bereich städtischer Großbauten Verwendung und verkleinerte Versionen davon dienten zur Belichtung innenliegender Treppenhäuser selbst im Wohnungsbau. So wurde auch Glas, genauer gesagt Klarglasscheiben in großseriellen Formaten, immer erschwinglicher, je mehr Verbreitung sie fanden.

Dieses industrielle Prinzip setzte sich dann auch bei den anderen Bauelementen durch, bei den Holzrahmen der Fenster und Türen, bei den Öfen, den Treppenanlagen aus Holz oder Kunststein, den Bodenbelägen, Tapeten, Vorhängen und schließlich entstammten auch die meisten Möbel, die zur Einrichtung der zahlreichen Neubauten notwendig waren, aus Großserien, die unabhängig vom Produktionsstandort zu sensationell niedrigen Preisen überall angeboten und verkauft wurden. Die Funktionstüchtigkeit der industriellen Bauweise hing also wesentlich von der Normierung der Maße und Anschlüsse ab, damit sich die Verarbeitung der vorproduzierten Elemente vereinfachte und zudem eine gewisse Wahlfreiheit herrschte, die auch notwendig war, um die Bausätze den jeweiligen Funktionen oder Grundstücksverhältnissen anzupassen.

Die Unzulänglichkeiten des Systems erwiesen sich erst, als es aus Gründen des Kostenvorteils auch in den Kleinstädten und ländlichen Regionen Einzug hielt. Hier waren die Grundstücke entsprechend den ländlichen Bautraditionen meist zu klein, vor allem zu schmal und die Auftraggeber wie die Mieter zu arm, um das System zur richtigen Entfaltung zu bringen. Die industrialisierte Bauweise des 19. Jahrhunderts trug entsprechend ihrer Hauptanwendung großstädtische Formate in sich, die im ländlichen Raum zu gestalterischen Unglücken führte. Trotz der ästhetischen Unterlegenheit verdrängte sie auch hier die traditionellen, handwerklichen Formen, weil sie in der Erstellung zu teuer waren.

Das größte gestalterische Problem der industriellen Architektur aber lag in der Gleichförmigkeit, in der Anonymität, wie sie vor der Industrialisierung noch nie aufgetreten war. Sie wurde ohne Berücksichtigung der regionalen Traditionen und Eigentümlichkeiten als reines Industrieprodukt in allen Teilen des neuen Nationalstaates gebaut. Neben diesen Unterschieden verschwanden auch die Unterschiede zwischen den einzelnen Häusern, die sich früher aus der handwerklichen Verarbeitung organischer Materialien als natürliche Abweichungen von der Norm ergaben.

Die durch Monotonie erzeugte Anonymität stellte eine ernste Gefahr für das industrielle System dar, denn Eigentum und Besitz mußten erkennbar bleiben, um das produzierende und konsumierende Engagement jedes einzelnen zu erhalten und zu steigern. Daher wurde es zwingend notwendig, die Massenprodukte nachträglich zu verfälschen und durch verschiedene Oberflächen wieder zu individualisieren und zu differenzieren. So ließ die Industrie Applikationen entwerfen und herstellen, die per Katalog bestellt und den Ziegel-Rohbauten innen und außen vorgeblendet wurden. Man schlachtete dabei die historischen Mustersammlungen aus, die der architektonischen Ausbildung als Übungsvorlagen dienen sollten, übersetzte diese in Gußformen und Schablonen und paßte sie den industriellen Baumaßsystemen an. Durch die Beseitigung des Anpassungsproblems und durch die Spannbreite des Angebots entstand eine gewisse Wahlfreiheit, und der Akt des Wählens führte jene individuelle, eigentümliche Form herbei, die als Symbol des Privatbesitzes, des Eigentums und zum Zwecke der Orientierung notwendig war.

Die Industrie bediente sich historischer, scheinbar origineller Formen, die ihr nicht eigentümlich waren, und sorgte damit selbst für eine Umkehrung des Markt- und Kulturverhaltens. Mit austauschbaren und kombinierbaren Oberflächen verlieh sie dem Massenprodukt den Schein der Individualität, das Einmalige und Unwiederholbare wurde zum Symbol des Privaten, des Bürgerlichen und Volkstümlichen.

Das läßt sich auch sehr gut am Beispiel der Bahn belegen. Die Schienen mit den immer gleichen Schwellenabständen, immer gleichen Spurbreiten, die Signale, Zeichen und Hinweisschilder, die Lokomotiven und Waggons, die innerhalb einer Baureihe immer gleich waren, auch die gläsernen Bahnsteighallen mit der scheinbar unendlichen Wiederholung ihrer einzelnen Elemente und Uniformen der Bediensteten symbolisierten die anonyme, staatliche und wirtschaftliche Macht, symbolisierten das Gemeinwesen. Die den Bahnsteigen vorgeblendeten Empfangsgebäude mit ihrem historistischen Fassadenzierrat waren individuelle Formen und wiederholten sich nicht, so daß jede größere Stadt ihren eigenen, unverwechselbaren Bahnhof hatte. Deswegen gehörten die Empfangsgebäude in das volkstümliche Milieu und hatten aufgrund der fehlenden Uniformität den Charakter der Privatheit, waren Symbole der Entscheidungs- und Reisefreiheit, waren Unterscheidungs- und Orientierungshilfen.

Die Kostümierungen, die Ornamentierungen, die Dekorationen sicherten der Industrie ihren Markterfolg. Decorum war ursprünglich ein Begriff der Redekunst und bedeutete Ausschmückung der Rede zum Zweck einer verbesserten Vermittlung, einer besseren Verständlichkeit. Man erachtete diese Ausschmückungen besonders dann als notwendig und keinesfalls als überflüssig oder gar verbrecherisch, wenn neue, bislang unbekannte Inhalte vermittelt werden sollten.

Die Industrie verwendete die Dekorationen nicht nur bei der Einführung und Durchsetzung neuer Produkte, sondern auch zur Durchsetzung ihrer neuen Herstellungsmethoden für bereits vorhandene und bekannte Produkte. Dabei war sie gezwungen, die artifiziellsten und luxuriösesten Formen, zu denen die handwerkliche Herstellung fähig war, zu kopieren und nachzuahmen, um die technische, funktionale und preisliche Überlegenheit ihrer Produkte zu beweisen.

In der Handwerkszeit hatte die aufwendige Oberfläche eine wichtige kommerzielle Bedeutung. Die hergestellten Gegenstände waren Unikate und die einzige Sicherheit, die der Auftraggeber oder Kunde bezüglich der Funktionstüchtigkeit und Haltbarkeit hatte, war das Referenz- oder Meisterstück. Dessen Oberfläche alleine lieferte die Garantie, daß das Meisterwerk vom Handwerker exakt wiederholt werden konnte. Intarsien, Polituren, Vergoldungen, Schnitzereien, Arabesken, Stukkaturen und Bemalungen waren Werbemaßnahmen und Garantieerklärungen zugleich. Durch symmetrische Anordnungen und ähnliche gestalterische Maßnahmen wurde auf eine Wiederholung bestimmter Motive an einem Objekt geachtet, um der dahinterstehenden Fähigkeit den Charakter der Einmaligkeit und Zufälligkeit zu nehmen. Daher war Stilbildung auch im Sinne einer Annäherung und Vergleichbarkeit der handwerklichen Produkte eine wichtige Orientierungshilfe für die Kunden und Auftraggeber.

Im Zuge der Industrialiserung verlor der Stil, die Gestaltungsform der Oberfläche diese ernste und dramatische Funktion und wurde zum frei verfügbaren und austauschbaren Aufkleber, der nur dazu diente, die unterschiedlichen Besitzverhältnisse augenfällig zu machen.

Damit kommen wir zur Form-, besser gesagt zur Stilfrage. „In welchem Style sollen wir bauen?“, lautete der Titel einer

Denkschrift des Architekten Heinrich Hübsch von 1828, die bis zum Ende des 19. Jahrhunderts für akademischen und wissenschaftlichen Gesprächsstoff sorgte. Die Frage stammte eigentlich aus dem 17. Jahrhundert und bezog sich damals auf die Bauten des Adels, der Kirche, des Staates und der Gemeinschaft im weitesten Sinne. Nur diese waren baukunstfähig, insofern sie Symbole eines übergeordneten Sinns erforderten, wozu bestimmte Formen und Motive verabredet und gewertet werden mußten. Ihre Wirkung bezogen diese Symbole aus dem Unterschied zur „ungestalteten" Alltagsarchitektur.

Doch ließen sich schon im 18. Jahrhunderten die aufstrebenden bürgerlichen Gesellschaftsschichten, die danach trachteten, ihre Immobilienwerte zu steigern, nicht an der Mitbenutzung dieser Symbole hindern. Durch die Industrialisierung verlor dann die Alltags- und Gebrauchsarchitektur ihre herkömmliche Kleinteiligkeit und steigerte sich zu feudalen Dimensionen, die dann auch mit feudalen Dekorationselementen verkleidet wurden. Die baukünstlerischen Formen verloren so vollends ihren symbolischen und sinnstiftenden Wert, als im Laufe des 19. Jahrhunderts die Postämter und Fabriken mit den eigentlichen Palästen ununterscheidbar verschmolzen.

Doch wollten viele der Akademiker von der Beantwortung der falsch gestellten Stil-Frage nicht lassen und schufen unter Bewahrung der herkömmlichen, vorindustriellen Produktionstechniken mittelalterliche Gotteshäuser, Neuschwansteine und andere opulente Kuriositäten, in der Hoffnung durch eine Identität von Form, Funktion und Herstellung die Symbole vor dem Massenverschleiß zu retten und ihre kulturelle, sinnstiftende Qualität zu erhalten.

Umsonst, denn es war nicht mehr Aufgabe der Baukunst, Übergeordnetes sinnfällig zu machen, sondern Aufkleber zu entwerfen, damit man die im Kern gleichen Gebäude auseinanderhalten konnte. Wegen des Mangels an Erhabenheit und Prestige nahm sich die akademische Baukunst aber dieser Aufgabe nicht an, da sie sich auch weiterhin zur Stiftung von Zeichensystemen übergeordneter Bedeutung berufen fühlte.

Die Suche nach einem beruflichen Selbstverständnis führte die Architektenschaft zur Neuformulierung einer alten Aufgabe. Infolge der industriellen Produktionsmethoden und ihrer speziellen Rentabilität wurden Differenzierungen zu einer nachrangigen, uneigentlichen Sache, denn nur die Erzeugung von Gleichheit, von Großserien brachte den Erfolg. Die Gleichheit führte zur nationalstaatlichen Vereinheitlichung der Wirtschaftsräume, stellte der Politik die Aufgabe, Gewinn zu sozialisieren, um eine Ausgeglichenheit von Angebot und Nachfrage zu erzielen und somit für einen allgemeinen und großen Wohlstand zu sorgen. Soziale Ungleichheit wurde gleichbedeutend mit politischem und ökonomischem Mißerfolg.

Die einzig anspruchvolle Gestaltungsaufgabe lag darin, dem Gleichen und Monotonen eine Form zu geben, die wieder als Zeichen übergeordneter Bedeutung funktionieren konnte. Diesen theoretischen Durchbruch erzielte vor allem der österreichische Architekt Adolf Loos, der in seiner 1908 erschienenen und viel beachteten Schrift „Ornament und Verbrechen", die Aufgabe der Dekoration und damit auch der Vermittlung aus dem Tätigkeitsbereich des Architekten verbannte. Nicht die Hülle, die äußere Erscheinung, die Rhetorik fiel in die Zuständigkeit des Baukünstlers, sondern der Wesenskern und der Inhalt bedurfte der Formung. Diese Aufgabenstellung entführte die Architektenschaft des 20. Jahrhunderts in übergeordnete, gesamtgesellschaftliche und volkswirtschaftliche Regionen, ließ sie Staatsarchitekturen, Gesellschaftskonstruktionen und architektonische Welterlösungssysteme entwerfen.

Obwohl in den modernen Versionen dieser kompetenzsprengenden Entwürfe die industrielle Produktion als geeignetes Mittel zur Massenverbreitung vorgesehen war, standen dennoch antiindustrielle und antidemokratische Auffassungen dahinter. Die Form sollte Zeichen übergeordneter Prinzipien sein und konnte daher nicht dem Publikumsgeschmack ausgesetzt werden, das Volk hatte selbst in der Rolle der Kundschaft kein Mitbestimmungsrecht. Der Industrieproduzent war demnach kein Anbieter, sondern nur der Vollstrecker des höheren baukünstlerischen Willens.

Ähnliche Erlösungssysteme und Weltentwürfe kursierten am Anfang des 20. Jahrhunderts auch in vielen politisch, philosophisch, religiös und sozial motivierten Gruppen und Bewegungen, die hauptsächlich von der bürgerlichen Jugend getragen wurden und größtenteils der Lebensreform zugeordnet werden können. Alle diese Reformbewegungen hatten eine industriefeindliche oder mindestens industriekritische Einstellung und beeinflußten nachhaltig das geistige Klima des 20. Jahrhunderts. Aus diesem Grunde konnte eine in ihrem Gelingen einzigartige Industriekultur, wie sich im Laufe des 19. Jahrhunderts herausgebildet hatte, nur mit erheblichen Widerständen und Rückschlägen fortgesetzt und nur mit mäßigem Erfolg weiterentwickelt werden.

POPULÄR UND POPULISTISCH

In der Kunst ist eine ähnliche Entwicklung zu beobachten wie in der Architektur. Im Laufe des 19. Jahrhunderts setzte sich der Bedeutungsverlust von Herrschafts- und Hoheitszeichen fort. Aristokratische, kirchliche und großbürgerliche Auftraggeber und Mäzene verloren allmählich das Interesse an einer persönlichen oder standesbezogenen Repräsentation, dafür traten philosophische und humanistische Fördermotive in den Vordergrund, die eher einen institutionellen Charakter hatten und sich mehr an Akademien richteten als an freie Künstlerateliers.

Damit stieg die existentielle Bedeutung der Institutionen, der Akademien, Museen und Kunsthallen für den Kunstbetrieb, der sich immer weniger auf den freien Markt und private Aufträge verlassen konnte. Die Akademien waren eine Einrichtung des Absolutismus, ihre Gründungswelle ging im 17. Jahrhundert von Frankreich aus. Ihre ursprüngliche Aufgabe bestand in der Verabredung und Festlegung verbindlicher Qualitätsmaßstäbe, die dem absolutistischen Staatsprinzip und der hierarchisch strukturierten Gesellschaft entsprachen. Dazu war eine Anbindung des Kunstbetriebs an den Staat nötig, denn die Festlegung künstlerischer Qualitäten konnte nur in Unabhängigkeit von der Willkür der Auftraggeber und von den modischen Schwankungen des Marktes erfolgen.

Die Museen wurden gegen Ende des 18. Jahrhunderts gegründet und dienten vornehmlich der Vermittlung historischer und aktueller Kunst. Gemäß ihres Volksbildungsauftrags standen sie, wie die Akademien auch, von Beginn an unter fachlicher Leitung und waren weitgehend unabhängig von ihren meist aristokratischen Stiftern und Trägern. Erst im Laufe des 19. Jahrhunderts erweiterte sich die Museumslandschaft um Sammlungen, die von bürgerlichen Kunstvereinen oder als reine staatliche Einrichtungen angelegt worden waren.

Mit dem allmählichen Rückgang herkömmlicher Aufträge wandelte sich also die anspruchsvolle, meist höfische Kunstproduktion im Laufe des 19. Jahrhunderts in eine akademische, institutionelle und staatliche Kunst. Das führte zu einer veränderten Aufgabenstellung, an die Stelle der Repräsentation und Unterhaltung der höfischen Gesellschaft trat die Bildung und Unterrichtung des Volkes – eine Dienstleistung, die von der Kunst des 19. Jahrhunderts auch durchweg sehr ernst genommen wurde. Selbst den romantischen, nach Unabhängigkeit und Individualität strebenden Kunstauffassungen dieser Zeit fehlte es nicht an pädagogischem Ehrgeiz.

Die traditionellen freien Ateliers und Werkstätten, die auch weiterhin vom Markt lebten und von den Kundenwünschen abhängig blieben, erfuhren eine allmähliche Abwertung ihrer Arbeiten, da sich ein akademisches Anspruchsniveau meist nicht kommerzialisieren ließ. Hier kündigte sich bereits eine neue Trennlinie zwischen anspruchsvoller, ernster und unterhaltsamer, eher kommerziell orientierter Kunst an.

Eine solche Trennung existierte schon seit längerem und verlief zwischen der höfischen Kultur und der traditionellen Volkskunst. Zu dieser volkstümlichen Unterhaltung gehörten die Jahrmärkte mit den Gauklern, Artisten, Zauberern, Moritatensängern und Märchenerzählern, die Volkstheater und volkstümlichen Musikfeste. Die Produzenten dieser Kultur hatten keinerlei soziales Ansehen, im Gegenteil, ihre Berufe galten als unseriös. Obwohl sie ein großes Publikum ansprachen, waren die Verdienste gering, weil sie ausschließlich für die ärmeren Bevölkerungsschichten arbeiteten. Doch änderte sich die Situation als die Industrie in dieses Geschehen eingriff.

Ihre frühen Erfolge feierte die Industrie im Bereich der Gebrauchsgüterherstellung mit der Imitation aufwendiger kunstgewerblicher Produkte, die auf diese Weise erstmals für die Mehrheit der Bevölkerung erschwinglich wurden. Diesem ersten Einbruch in die hochkünstlerischen Betätigungsfelder, der schon ins ausgehende 18. Jahrhundert datiert, folgten ab Mitte des 19. Jahrhunderts auf der Basis neuer Techniken die Massenreproduktionen von Bildern, von Imitaten herkömmlicher handwerklicher Bilder, die als Kunstdrucke oder Illustrationen in Zeitschriften die Konsumbedürfnisse einer großen Kundschaft befriedigten. Dazu kam die Fotografie, die anfangs mit Porträts ihre Umsätze machte, dann aber die Arbeitsbereiche ständig erweiterte. Auf der Basis ihrer kommerziellen Erfolge gelang der Fotografie eine rasche technische Entwicklung, die am Ende des 19. Jahrhunderts im laufenden Bild, in den Frühformen des Films mündete.

Thematisch und vermittlungsstrategisch knüpfte diese frühe Industriekultur an die ältere Jahrmarkt-Kultur an, denn hier fand sie das notwendige Massenpublikum, die Massenbedürfnisse. Außerdem hatte dieser Markt eine große Zukunft, da im Zuge der Industrialisierung eine Massengesellschaft entstand, die dringend nach Gemeinsamkeiten, auch nach gemeinsamen Kulturerfahrungen, nach Massenverständigung verlangte.

Gegen Ende des 19. Jahrhunderts hatten sich die materiellen Verhältnisse in der Kulturproduktion umgekehrt, die Jahrmarkt-Kultur erwirtschaftete märchenhafte Reichtümer, während die akademische Hochkultur sich ihre traditionelle Exklusivität nur noch mittels staatlicher Subventionen leisten konnte. Es war den meisten Reformbestrebungen um 1900 schon einsichtig, daß diese Exklusivität aufgegeben werden mußte zugunsten einer größeren Volkstümlichkeit. Zu diesem Zweck wurden die Sinnschichten reduziert, die historischen Motive und die bedeutsamen Verweise unterlassen, um den Zugang zur Kunst nicht durch Wissensvoraussetzungen zu blockieren. Stattdessen sollte eine affektierte und emotional anrührende Formensprache auch diejenigen Bevölkerungsschichten erreichen, die wegen mangelnder Vorbildung nicht an der Kunst teilhaben konnten. Das heißt aber nicht, daß der Bildungs- und Erziehungsauftrag der Kunst aufgegeben wurde, es ging in erster Linie um eine Verbesserung der Vermittlung, die auch eine Aktualisierung der Motive und Bildthemen erforderte, doch die volkspädagogische Absicht, die künstlerische Erhabenheit blieb bestehen.

So sehr die Kulturreform des ausgehenden 19. Jahrhunderts ihren antiakademischen Charakter betonte, war auch sie schließlich wieder auf akademische und staatliche Einrichtungen angewiesen. Es war keineswegs beabsichtigt, die Kunst zu Markte zu tragen, um das dort schon vorhandene Massenpublikum zu erreichen. Ein Mitspracherecht in künstlerischen Fragen durch Kaufentscheidungen und Auftragsformulierungen wurde den Laien nicht eingeräumt. Die neue, reformierte, moderne Kunst wollte zwar volkstümlich und populär sein, aber nicht populistisch. Das heißt, die beginnende Moderne betonte erneut den alten Unterschied zwischen einer anspruchsvollen, ernsten, avantgardistischen Kunst und einer unterhaltsamen, kommerziellen und geschmäckerlischen Kultur.

Diese für das 20. Jahrhundert grundlegenden Reformenbestrebungen der Kunst waren, wie in der Architektur auch, im Kern antiindustriell, antidemokratisch und in technischer und sozialer Hinsicht fortschrittsfeindlich. Das volkstümliche Publikum sollte nicht bedient werden, sondern erzogen und belehrt, nicht das Publikum und seine Bedürfnisse standen im Mittelpunkt des Interesses, sondern die Kunst und ihre Bedürfnisse. Solche Reformprojekte konnten also nur dann gelingen, wenn auch Staat und Gesellschaft, Volk und Obrigkeit in die gestalterische Verfügung der Kunst fielen. So beschäftigte sich der reformierte, moderne Kunstbetrieb mit entsprechenden gesellschaftlichen Entwürfen und weitete seine Kompetenzen laufend aus, bis schließlich auch der neue Mensch als würdiger Rezipient der neuen Kunst eingefordert wurde.

Aber nicht nur die explizit künstlerischen Bewegungen verfolgten diese Idee eines gesellschaftlichen und staatlichen Gesamtkunstwerks, einer kulturellen Übereinstimmung von Volk und Führungen, auch viele politische Bewegungen hatten dies im Programm. Zwei von den fünf deutschen Staatsgebilden des 20. Jahrhunderts, nämlich das Dritte Reich und die Deutsche Demokratische Republik, haben diese Identitätsideen als deutsche Nationalkultur unter Einsatz staatlicher Mittel auch praktiziert. Diesen beiden Kulturformen wird sich der vorliegende Kommentar im folgenden eingehender widmen, da bei diesen Beispielen das immer geforderte, enge Verhältnis zwischen Kunst, allgemeiner Öffentlichkeit und Staat Realität geworden ist. Das Dritte Reich und die DDR bildeten hinsichtlich ihres ideologischen Selbstverständnisses einen Gegensatz, aber beiden Staaten war an einer volksnahen Kultur gelegen, was die Untersuchung besonders interessant macht.

Allerdings muß man auch vorab feststellen, daß beide Staaten untergegangen sind und ihre Versuche einer Nationalkultur mit in den Konkurs gerissen haben. Das heißt, eine volkstümliche Verankerung dieser Kunst hat offensichtlich nicht stattgefunden, es blieben künstliche Gebilde.

Warum gesellschaftliche und staatliche Gesamtkunstwerke in Deutschland nicht populär werden konnten, hatte seine historischen Gründe. Das deutsche Volk entstand im 19. Jahrhundert als Selbstkolonisation, die Kleinstaaterei war der wirtschaftlichen Entwicklung im Weg. Erst der nachweisbare ökonomische und machtpolitische Vorteil, wie er im Sieg über Frankreich 1870/71 zum Ausdruck kam, führte zur Gründung des Nationalstaats und erst danach zu einem allmählich wachsenden Selbstverständnis des geeinigten Volkes als deutschem.

Ein existentieller Bestandteil dieses Selbstverständnisses ist bis heute die Erwartung eines ökonomischen Vorteils als einzigem Motiv für Vereinigungen und Vereinbarungen. Allen Beschwörungen zum Trotz gab es vor der Reichseinigung keinerlei gemeinsame Vergangenheit, keine gemeinsame gesprochene Sprache, keine gemeinsame Hauptstadt, kein Kerngebiet, keinen Hauptstrom, keine gemeinsame Religion, keine konstanten Grenzverläufe, keine gemeinsame Kunst und Architektur. Die Gründung des Nationalstaates war also eine absolute Neuschöpfung, die eine Vernichtung von Kulturkonventionen, von Traditionen und hergebrachten Gesellschaftstrukturen erzwang, und dies nur verlangen konnte, wenn ein adäquater Ersatz für diesen Verlust geboten wurde.

Deswegen sind dem deutschen Volk kulturelle Erscheinungen dann mehrheitlich fremd und suspekt, wenn sie nicht individuell gemeint sind, in einem beschränkten intimen oder provinziellen Wirkungskreis agieren, sondern allgemeinen, gesamtstaatlichen oder gesellschaftlich verbindlichen Anspruch erheben. Kultur und Bildung feierten immer dann Erfolge, wenn sie sich zur Differenzierung eigneten, das heißt, konservative und moderne Formen, überhaupt gegensätzliche Kulturrichtungen bedingen einander.

Das deutsche Volk ist also in kulturellen Dingen keineswegs obrigkeitshörig und billigt dem Staat darin keine Autorität zu. Andererseits legitimiert dieses Volk den Staat zur Herausbildung wirtschaftlicher oder machtpolitischer Megakonstruktionen und zwar meist leichtfertig auf der Basis kaum nachprüfbarer Versprechen von individuellen Profiten. In den meisten Nachbarstaaten liegt der Fall umgekehrt, dort wird dem Staat sehr wohl eine kulturelle und traditionsverwaltende Autorität eingeräumt, auch um den Zusammenhalt der Gesellschaft zu bewahren, während Wirtschaft mit den Begriffen Privateigentum, Privatrisiko und Konkurrenz verbunden und die Verfügungsmacht des Staates nach volkstümlichem Verständnis hier eingeschränkt ist.

Das neueste Beispiel dieses aus dem 19. Jahrhundert herstammenden und seitdem konstanten Volksverhaltens ist die Wiedervereinigung. Dem Staat wurde es überlassen, die Vereinigung ökonomisch vorteilhaft zu machen, aus seiner Kasse zu investieren und künstliche Märkte zu schaffen. Darin wurde der Staat über die Maßen ermächtigt, während die Erzeugung einer gesamtdeutschen Identität auf kultureller Ebene nur ganz geringe staatliche und private Interessen wecken konnte. Wesentlich leichter erreichten die kulturellen Aktivitäten ihr Publikum, die den Unterschied zwischen einem ostdeutschen und westdeutschen Selbstverständnis sogar noch betonen.

Die Zeit des Strebens nach Identität, nach Monotonie ist also offensichtlich vorbei, weil diese Vereinheitlichungs- und Harmonisierungsbemühungen, gleichgültig welchem Konzept sie folgten, seit nunmehr 100 Jahren keinen Erfolg gebracht haben. Das heißt, die nun folgende Besprechung behandelt die Nazikunst und DDR Kunst sowie alle anderen noch erwähnten Kunstereignisse des 20. Jahrhunderts als abgeschlossen, nicht wiederholbar, nicht aktualisierbar.

DIE KUNST DEM VOLKE — DIE SAMMLUNG HITLER

Dank der weit verbreiteten filmischen und fotografischen Dokumente ist folgende Szene nicht schwer vorstellbar. *Der größte Führer aller Zeiten (Gröfaz) Adolf Hitler durchschreitet mit seinem Stab wenige Tage vor der offiziellen Eröffnung die „Große Deutsche Kunstausstellung" — maßgeschneiderte Festuniform, die dazugehörende Mütze in der Hand, ihm zur Seite, aber Abstand wahrend, die Witwe des Architekten Paul Ludwig Troost, Gerdy im hellen Kostüm, hinter ihm sein Leibfotograf und Repräsentant einer für ihn erschaffenen Phantasiebehörde, Heinrich Hoffmann, daneben der bayrische Gauleiter Adolf Wagner, der Reichsminister für Volksaufklärung und Propaganda Josef Goebbels und der Generalfeldmarschall Hermann Göring. Den Troß sichert nach hinten der Kunstmaler Prof. Adolf Ziegler ab, Präsident der Reichskammer für bildende Künste, Hauptjuror der Ausstellung und williger Vollstrecker des Kunstwillens seines Führers. Die restlichen zehn bis fünfzehn Personen: Presse, Leibgarde, Schranzen. Keilförmig bewegt sich die Gruppe vom Führer geführt durch die Säle des Hauses der Deutschen Kunst, dabei räsoniert Hitler in seiner antrainierten Theatersprache über die Kunst im allgemeinen, Beifallsbekundungen und devotes Getuschel füllen seine Sprechpausen. Das Ziel dieser Begehung ist der Ankauf von besonders herausragenden Werken durch den Führer. Ziegler referiert ihm geflissentlich den Autor, Titel, Bildträger und Malmaterial der ausgewählten Arbeit, und er kauft dann meist nach militärisch knapper Bedenkzeit in mäzenatisch-gönnerhafter Laune, wobei er manche Bilder ostentativ überbezahlt, um auch hier ein Monument seiner Allmacht zu schaffen. Emphatische Bestätigung durch den Chor der Schranzenschar.*

1. *Eröffnung des „Hauses der Deutschen Kunst" am 19.7.1937. V.n.l.r.: Hermann Göring, Gerdy Troost, Adolf Hitler, Joseph Goebbels, Adolf Ziegler (Rückenansicht), Bildarchiv Preussischer Kulturbesitz*

Ein besonders prickelnder Moment ergibt sich, als der Führer vor einem Bild Zieglers anhält, die Uniformmütze mit beiden Händen vor sein Geschlecht haltend, den prüfenden Blick auf die lockige Pracht einer weiblichen Schambehaarung gerichtet, die der neben ihm stehende Ziegler ganz frisch auf die Leinwand gezaubert hat, währenddessen die Witwe Troost woanders hinsieht. Das Führerlob bezieht sich natürlich auf die meisterliche Ausführung, die als Beweis völliger Unschuld ausreicht und alleine die Kaufentscheidung herbeiführt.

Zweimal, 1937 und 1938, besuchte Hitler die von ihm befohlene und erlassene Große Deutsche Kunstausstellung, die von 1937 bis 1944 eine jährliche Rückschau auf die aktuelle Kunstproduktion des Dritten Reiches bot. Zweimal kaufte Hit-

2. Oskar Graf, Aphrodite, 1941, Deutsches Historisches Museum Berlin

ler dort und zwar in rauhen Mengen und für Unsummen Bilder, Grafiken und Plastiken, die hauptsächlich bestimmt waren für die 1939 fertiggestellte neue Reichskanzlei in Berlin, weiter für das Führermuseum der Weltkunstelite in Linz, für andere Regierungs- und Parteigebäude sowie als persönliche Geschenke Hitlers an wichtige und besonders ergebene Personen. Ab 1939 überließ er dann die Auswahl und Kaufentscheidung seinem Beauftragten Heinrich Hoffmann, der das Vorkaufsrecht weiterhin tatkräftig und im Sinne des Führers ausübte. Jedenfalls läßt sich kein gravierender Unterschied zwischen Hitlers und Hoffmanns Geschmack feststellen, betrachtet man die heute noch vorhandene Sammlung insgesamt.

Neben den fast ausschließlich weiblichen Aktdarstellungen schätzte der Führer auch das Genre im Stile von Leibl, Thoma, Trübner, Menzel und anderen Kapazitäten des ausgehenden 19.

Jahrhunderts, da ihm alle späteren Entwicklungen vom Impressionismus an als Betrug und Pfuscherei galten. Ein großer Teil der Bilder zeigt ländliche Szenen, Bauern, Hirten, Holzfäller und Handwerker in ihrem angestammten, meist heilen Milieu. Aber am meisten liebte der Führer Landschaften, schöne unberührte Landschaften, die etwa die Hälfte der Ankäufe ausmachten. Bilder mit eindeutigem Gegenwartsbezug blieben in der deutlichen Minderheit. Hitler kaufte solche Werke nur, wenn sie in einem antiquierten Malstil auch seinen antiquierten Vorstellungen entsprachen. Alles Eindeutige und Plakative war vornehmlich Sache der Propaganda, gehörte eher in die Massenmedien, aber nicht in eine Sammlung großer, erhabener Kunst.

Es befinden sich nach den Rückführungen in den Besitz der Bundesrepublik heute noch etwa 300 Kunstwerke propagandistischen Inhalts in den USA, erkennbar an den verwendeten Zeichen des Dritten Reichs und führenden Personen des Nationalsozialismus. Wieviele davon aus der Sammlung Hitler stammen, bleibt im Dunkeln. Aufgrund der zahlreichen Publikationen ist dieses konfiszierte Material oft besser bekannt als die übrigen Werke aus der Zeit des Dritten Reichs und kann für die folgende Betrachtung außer Acht bleiben, weil es sich nicht um eine im stilistischen Sinne spezifisch nationalsozialistische Kunst handelt.

Nach der Entdeckung durch die Allierten in einem österreichischen Bergstollen bei Aussee gelangte die Sammlung 1949, auf 705 unverdächtige Werke geschrumpft, in den Besitz der Bundesrepublik, 1963 in einen Speicher des Münchener Hauptzollamts, wo sie sich auch nach der 1998 erfolgten Übergabe an das Deutsche Historische Museum in Berlin heute noch befindet. Erst ab Mitte der 70er Jahre begann zögernd die wissenschaftliche Aufarbeitung, einige ausgewählte Werke wurden in diesem Zusammenhang publiziert und zeitweise auch im Ausland ausgestellt.

Leider war es aus restauratorischen Gründen nicht möglich, alle 705 Werke der Öffentlichkeit zugänglich zu machen. Es wurde daher eine Auswahl von 140 Arbeiten getroffen, wobei wir im wesentlichen die Landschaften weggelassen haben, die uns gerade in ihrer Masse doch zu eintönig, banal und langweilig erschienen, um wenigsten die übrigen Sujets und Themen einigermaßen repräsentativ vorstellen zu können. Wir haben dabei die üblichen Qualitätskriterien gelten lassen: handwerkliche Perfektion, Ausdrucksstärke und anspruchsvoller Inhalt, soweit man überhaupt davon sprechen kann. Das heißt, die Sammlung ist insgesamt niveauloser und banaler als diese Ausstellung.

Dies ist trotz der notwendigen Beschränkungen immer noch die größte Zusammenschau nationalsozialistischer Kunst, die es seit 1945 gegeben hat. Das eigentliche Wagnis dieses Unternehmens liegt aber nicht in seinem Umfang, sondern in der Kommentarlosigkeit, im Verzicht auf die ansonsten üblichen Hinweise auf Nebenwirkungen und Risiken. Es wird sich also zeigen müssen, welcher Verlaß auf die Urteilskraft des Publikums ist. Nur dieser Text und einige wenige Erklärungen liefern eine Interpretation, die aber bewußt keinen Anspruch auf Verbindlichkeit erhebt.

Die Geschichte dieser Sammlung beginnt im Jahre 1931. Der Glaspalast im englischen Garten in München war abgebrannt, die Münchener Künstlerschaft hatte damit einen etablierten Veranstaltungsort für ihre Jahresausstellungen verloren. Die Stadt beauftragte den kurz zuvor aus Köln als Leiter der Technischen Universität berufenen Adolf Abel mit dem Vorprojekt für einen Neubau an gleicher Stelle. Auf dieser Basis wurde ein regionaler Wettbewerb ausgeschrieben. Die Ergebnisse befriedigten nicht und so wurde Abel schließlich mit einer Modifikation seines Entwurfs zur Ausführung beauftragt. Nachdem die NSDAP 1933 an die Macht gekommen war, stoppte Hitler das Projekt sofort, das sich kurz vor der Baureife befand. Der Entwurf erschien ihm zu konventionell und zu dezent, auch die zurückgezogene Lage im Park war seiner Meinung nach ungeeignet, der neuen Macht im Staate die entsprechende Wirkung zu verschaffen.

Für Hitler stand wahrscheinlich schon zu Beginn seines politischen Engagements fest, daß der Machtgewinn auch zu architektonischem Ausdruck gelangen mußte, für den er bereits lange vor 1933 allerhand Entwürfe produziert hatte. Es handelte sich dabei um laienhafte Zeichnungen von historisierenden Architekturkulissen, die genauso wenig ernst zu nehmen sind wie seine Ölbildchen und Zeichnungen, von deren Verkauf er mit geringem Erfolg versucht hatte zu leben. 1930 lernte er den Münchener Architekten Paul Ludwig Troost kennen, was Hitler später pathetisch als einen großen Glücksfall beschrieb, da ihm ein Lehrer begegnet war, der ihn in die letzten Geheimnisse der Baukunst einweisen konnte. Tatsächlich ist es ein sprechendes Zeugnis seiner Unbeholfenheit, daß ihn seine Phantasien von einer großartigen, emotional wirkungsstarken Architektur ausgerechnet in die Arme von Troost trieben, war dieser doch auf die Erzeugung großbürgerlicher Interieurs spezialisiert, in denen sich traditionelle Gediegenheit, oft gutsherrlich-ländlichen Charakters mit altdeutscher Gemütlichkeit mischte. Monumentale Bauten kamen bis dahin in seinem Œuvre nicht vor.

So gingen zwei Dilettanten ans Werk, als Hitler Abel den Auftrag für den Ersatzbau des abgebrannten Glaspalastes entzog und ihn Troost, damit auch sich selbst, zuschlug. Der botanische Garten wurde als Bauplatz aufgegeben, stattdessen ein

Grundstück an der Prinzregentenstraße beschafft. Trotz des ungewöhnlich hohen Bauaufwands blieb der von Hitler erhoffte und in den zahlreichen Einweihungsreden beschworene Effekt, die große Wirkung, doch aus. Die Straße ist zu schmal, das Gebäude zu dicht herangerückt, um die 180m lange Hauptfassade optisch erfassen zu können. Ungeschickter Weise wurde dem Haus eine ununterbrochene, unakzentuierte Reihe von 22 Säulen vorgesetzt, die den aufwendigen Haupteingang auf der Mittelachse fast völlig verdeckt. Dazu kommen die fehlenden Betonungen der beiden Fassadenenden, die sogar noch zurückspringen, so daß die Form haltlos auseinanderfällt und jede Selbständigkeit verliert.

Trotz der gestalterischen Kardinalfehler, von den funktionalen Mängeln ganz zu schweigen, war Hitler von der Genialität der Form zutiefst überzeugt, und Widerspruch duldete er nicht. Damit die Einweihung der Kunsthalle, hochtrabend als „Haus der Deutschen Kunst“ betitelt, historisch nicht spurenlos blieb, wurden 1937 zwei Veranstaltungen ins Leben gerufen. Die Wanderausstellung „Entartete Kunst“ öffnete in der Gipssammlung des archäologischen Institut unweit des Troost-Baus: Eine Verhöhnung der Moderne, bestückt mit konfiszierten Werken aus öffentlichen Kunstsammlungen, die eine Laienkommission unter Anleitung Zieglers aufgespürt hatte. Sie bildete das negative Gegenstück zur ersten Großen Deutschen Kunstausstellung, mit der das Haus der Deutschen Kunst seiner Bestimmung übergeben wurde.

Von 1937 an bis 1944 fand die Große Deutsche Kunstausstellung jährlich statt. Als einzige nationale Veranstaltung dieser Art sollte sie die aktuelle künstlerische Leistungskraft und damit die kulturellen Erfolge des Dritten Reiches an zentraler Stelle dokumentieren, und sie war zugleich eine Verkaufsausstellung. Es handelte sich auch hier um eine absurd aufgebläh-

3. Friedrich Wilhelm Kalb, Daphne, vor 1939, Deutsches Historisches Museum Berlin

te Konstruktion, die natürlich auch nur zu absurden Ergebnissen führen konnte.

Zwecks Vorbereitung der ersten Ausstellung wurden ab November 1936 Aufrufe an die deutsche Künstlerschaft im In- und Ausland verbreitet, die 25.000 Bewerbungen und schließlich 15.000 Einsendungen erbrachten! Eine erste Kommission traf die Vorauswahl; sie bestand aus neun Künstlern, außer Karl Albiker und Arno Breker damals und heute weitgehend unbekannten Kleinmeistern. Eine sogenannte Hauptjury traf die vorletzte Entscheidung und bestückte die Ausstellung. Ihr gehörten die Künstler Adolf Ziegler, Josef Wackerle und Conrad Hommel an, durchweg parteitreue Münchener Lokalgrößen, die selbst bei Gesinnungsgenossen und Künstlerfreunden als bestenfalls mittelmäßig galten. Insbesondere der in Weimar ausgebildete Reichskammerpräsident Ziegler war allgemein als Kitschproduzent und Stümper verschrien. Die Jury ließ von der Flut an Werken etwa 1000 Bilder sowie rund 500 Plastiken und Grafiken übrig.

In ‚weiser Voraussicht' hatte sich Hitler allerdings die letzte Entscheidung vorbehalten, da er offensichtlich dieser Ausstellung eine große persönliche und politische Bedeutung beimaß. Sein Kontrollgang mit Josef Goebbels, Heinrich Hoffmann, Gerdy Troost, Gauleiter Adolf Wagner und Adolf Ziegler endete mit einem Eklat, mit einem seiner bekannten Wutausbrüche, bei dem die Witwe Troost kollabiert sein soll (wegen unflätiger Ausdrücke oder wegen des Kunsturteils ist nicht bekannt). Auf Hitlers Befehl wurden 80 Arbeiten ausgetauscht, obwohl sich bereits zwei in etwa gleichgesinnte Kommissionen um Linientreue bemüht hatten. Welche Werke von dieser Umtauschaktion betroffen waren, ist bedauerlicher Weise nicht dokumentiert, handelte es sich hier doch um den eigentlichen kulturpolitischen Ernstfall des Dritten Reiches. Schließlich beauftragte er den Fotografen und Leiter der Reichsbildstelle Heinrich Hoffmann mit der Neugestaltung, der dann nochmals um die 500 Bilder aussonderte und die Ausstellung auf 428 Bilder, 249 Plastiken und 218 Grafiken reduzierte. Erst danach war der Führer vollauf zufrieden.

Aus den zahlreichen Kulturansprachen Hitlers und anderer Nazigrößen, aus den Feuilletons und Kunstbüchern des Dritten Reiches konnte die Künstlerschaft keine Produktionsanleitungen entnehmen. Neben den verbalen Vernichtungsfeldzügen gegen die Moderne blieben die positiven kulturpolitischen Absichten bestenfalls schwammig, wenn nicht ganz im Dunklen. Die Forderung nach einer „arteigenen", „rassisch gebundenen" oder „arischen" Kunst ließ sich nicht mit konkre-

4. *Josef Wahl, Klatschbasen, 1931, Deutsches Historisches Museum Berlin*

ten Formvorstellungen verbinden, die ebenfalls beschworene Anlehnung an heimatliche, volkstümliche Traditionen war zwar praktikabel, stand aber im Widerspruch zu der andererseits behaupteten Vorbildlichkeit der Antike, des deutschen Mittelalters, der italienischen Renaissance sowie der deutschen und niederländischen Kunstgeschichte von Dürer bis Rembrandt. Welche Kunst nun eigentlich als repräsentativ für die Macht im Staate gemeint und befohlen war, ergab sich also erst aus dieser Ausstellung von 1937. Die damit geschaffenen Tatsachen und der nun herrschende Kunstbegriff wurden durch die zahlreichen Berichte von der Ausstellung in den Kunstzeitschriften, der Tagespresse, den Wochenschauen und anderen Organen des Dritten Reiches überall verbreitet, und niemand wagte des ‚Kaisers neue Kleider' öffentlich als das zu bezeichnen, was sie waren.

Wenn Diktatoren von Kunst nichts verstehen, keinen Geschmack, kein Urteilsvermögen besitzen, dann liegt das meistens daran, daß sie sich für Kunst und Kultur nicht interessieren und damit auch keinen Umgang pflegen. Im Dritten Reich begegneten sich mangelnder Verstand, eine völlige Überschätzung der eigenen Kompetenz und der absolute Wille, durch staatliche Förderung eine Kulturepoche loszutreten, die alle vorausgehenden Hochkulturen in den Schatten stellen sollte. Die darauf folgenden staatlichen Eingriffe in den Kulturbetrieb brachten allerdings nur jene Trivialkunst hervor, jene gemalten, gekneteten und gemeißelten Groschenromane, wie es sie bereits seit Jahrzehnten gab, und die niveaulosesten Stücke wurden mit einem noch nicht dagewesenen Pomp zur neuen Hochkunst erklärt. Ein für den Dilettantismus des Nationalsozialismus typischer Blitz- und Überraschungssieg war gelungen, die in ihre Primitivität verliebten Landsknechte hatten geurteilt, jede weitere Überlegung, jede Debatte wurde im Keim erstickt. Diese Angststarre rechnete sich der ‚größte Führer aller Zeiten' zudem noch als Beweis seiner Genialität an.

Im Zuge der oben erwähnten Austauschaktion von 1937 wurden auch die wenigen Sachverständigen und Fachleute, die sich entgegen dem Führerwillen um einen Hauch von Qualität bemüht hatten, praktisch entmachtet. Der Leibfotograf Hitlers, Heinrich Hoffmann, führte ab dann Regie und bürgte für die Befriedigung einer absolut laienhaften Erwartungshaltung. Viel zu entscheiden gab es allerdings in den folgenden Jahren nicht mehr. Das Signal hatte gewirkt, die vielfach publizierten und damit besonders ausgezeichneten Werke erlangten sofort Vorbildcharakter, außerdem konnten sich auch die Verkaufszahlen sehen lassen; 1937 waren 500 der 895 Exponate für rund 750.000 RM verkauft worden. Hitler selbst hatte gekauft, hatte Parteigenossen dazu angehalten und Industrielle gewonnen, die auch schon den Bau des Hauses der Deutschen Kunst unterstützt hatten. Es war absehbar, daß die Künstlerschaft das Haus der Deutschen Kunst weniger als einen herausragenden, bedeutenden Veranstaltungsort der Kunst, als Olymp künstlerischer Höchstleistungen begriff, sondern als eine zentrale staatliche Verkaufsstelle mit hohen Gewinnaussichten.

Für die nachfolgende Kunstausstellung 1938 gab es 11.000 Bewerbungen, deren Einheitlichkeit oder Gleichheit dazu führte, daß eine Austauschausstellung angeraten schien. Das heißt, nachdem etwa 500 Werke verkauft worden waren, rückten nochmals 245 nach, die vermutlich nur aus reinem Platzmangel nicht von Anfang an dabei sein konnten. Insgesamt kamen 1.404 Arbeiten zur Ausstellung, davon wechselten 800 zu einem Gesamtpreis von 1,5 Mio. RM den Besitzer.

Von 1938 an bis zum Ende der Reihe 1944 fand die Große Deutsche Kunstausstellung einschließlich der Austauschaktionen fast ganzjährig statt, die Zahl der ausgestellten Werke stieg ebenso wie die Zahl der verkauften Werke ständig an, die Durchschnittspreise pro Arbeit kletterten von anfänglich 1.500 RM auf 3.100 RM, der Gesamtumsatz von 750.000 RM auf 3,8 Mio. RM.

Die Ausstellungsserie entwickelte sich also zu einer Massenveranstaltung, denn wer Geld verdienen wollte, mußte fleißig sein. Pro Jahr wurden etwa 10-15.000 Bilder, Plastiken, Grafiken speziell für diesen Markt fabriziert. Besonders eilige und gut organsierte Pinselmeister lieferten oft bis zu einem Dutzend meist großformatiger Arbeiten ein. Daraus ergibt sich ein geschätztes Produktionsvolumen von insgesamt 100.000 Exemplaren, die wahrscheinlich bis heute eine große kommerzielle Bedeutung für den konventionellen Kunsthandel haben. Die Künstler übten sich in Fleiß und Ausdauer, da blieb zum Denken, Experimentieren und Erfinden ohnehin keine Zeit, was

5. Thomas Baumgartner, Tegernseer Weber, 1936, Deutsches Historisches Museum Berlin

im übrigen auch mehr geschadet als genutzt hätte. Es mangelte aber nicht nur an inhaltlicher Substanz, sondern oft auch an der handwerklichen und technischen Qualität, die ebenfalls der beschleunigten Herstellung geopfert werden mußte. Mithin sind diese Werke genau das, was Hitler so intensiv und radikal bekämpfen wollte: Unwahrhaftigkeiten, Pfuscherei, Betrug und bloße Konjunkturware.

Aber er ließ sich leicht beeindrucken, denn er liebte Kultur und haßte Bildung. Seiner kleinbürgerlichen Meinung nach mußte Kultur Emotionen auslösen können, wenn sie Qualität hatte, Bildung war dagegen eine Sache geistiger Anstrengung und lief auf die Unterdrückung von Emotionen hinaus. Anhänger solcher Gesinnungen sind oft mit Kitsch hochzufrieden, da ihnen leicht entgeht, wenn handwerkliche Akribie und emotionale Wahrhaftigkeit nur vorgetäuscht sind. Für Hitler blieb die

Frage nach der Wahrhaftigkeit daher zweitrangig, wenn es dem Werk nur gelang, Emotionen, Begeisterung auszulösen. „Photographismus“ zum Beispiel galt dem Führer als grober Fehler, dennoch übersah er geflissentlich, daß viele der von ihm gekauften Arbeiten von Dias abgemalt waren, obwohl die Künstler vor allem bei den Aktdarstellungen, aber auch bei manchen Genreszenen nur wenig unternahmen, diesen Eindruck zu verschleiern. Er selbst hatte ja auch nach diesem Muster Stadtansichten für den Kleinkunsthandel fabriziert.

Die hier ausgestellten Arbeiten sind so anspruchslos und konventionell, daß es sich auch verbietet, von spezifisch nationalsozialistischer Kunst zu sprechen. Man wird dieser Aussage sicher die von den Alliierten konfiszierten Abbildungen von Nazisymbolen, Führerporträts und Schlachtenbildern entgegenhalten. Es handelte sich dabei allerdings nur um Abbildungen ohne eine diesem Inhalt entsprechende Form. Die Porträts der Nazigrößen unterschieden sich zum Beispiel von Darstellungen Kaiser Wilhelms II. nur in den Gesichtszügen, und selbst diese waren noch angeglichen. Außerdem stellten Bilder mit aktuellem Zeitbezug keine besonderen Verkaufsschlager dar, weil die Meinung herrschte, daß wahre, große Kunst dem Überzeitlichen, dem Allgemeinen verpflichtet sein muß, will sie 1000 Jahre bedeutend bleiben. Deswegen wurde das Tagesgeschehen auf leicht lesbare, schlichte Metaphern gebracht und bis zur Inhaltsleere verallgemeinert. Es gab eben keine Inszenierungen realer Kriegsschlachten, die Bilder hießen stattdessen nur „Der Sieger“ oder „Kameraden“ und konnten problemlos ein ganzes Jahrtausend in irgendeinem Kanzleisekretariat an der Wand hängen bleiben. Konkreter ließen sich die Werke zu politischen Themen des Dritten Reiches an keiner Stelle aus, von der Judenverfolgung und den anderen geschichtsrelevanten Verbrechen dieser Zeit findet sich nichts.

6. Rudolph Otto, Hirt mit Schafen, vor 1944, Deutsches Historisches Museum Berlin

Nach der kleinbürgerlichen Auffassung verbot es sich, die Kunst, die nur aus der sentimentalen Wahrhaftigkeit zur vollen Größe aufsteigen konnte, für Propagandazwecke in Dienst zu stellen, zu diesem Zweck hatten die Nazis andere, bessere Instrumenten. Mit anderen Worten: Die Bilder und Plastiken haben keinen tieferen Sinn als den, der auf den ersten, kurzen Blick erfaßt werden kann, und dieser Sinn ist in jedem Fall völlig banaler und konventioneller Natur.

Die Vorherrschaft der Belanglosigkeiten ergibt sich auch schon aus den Biographien der Künstler. Auf den Hitlisten der herausragenden Künstler fand sich kein Name, der vorher von Bedeutung gewesen wäre. Die meisten der plötzlich und allgemein unerwartet zu Ehren Gekommenen entstammten aus dem Münchener Raum. Der Münchener Kunstmarkt war schon seit dem Ende des 19. Jahrhunderts darauf spezialisiert, der

Trivialmalerei ein kommerzielles Auskommen zu gewähren, so daß sich hier auch die Kapazitäten auf diesem Gebiet befanden. Mit weitem Abstand folgten den Münchenern, die etwa 80% der vorderen Plätze vereinnahmten, auf Seichtes abonnierte Österreicher aus dem Umkreis der Wiener Akademie, der Rest waren aus dem 19.Jahrhundert übriggebliebene Genre- und Bauernmaler, Landschafter und Blumenmaler, wie es sie am Rande oder jenseits des Kulturbetriebs zu Tausenden gab. Neben etwa 20% Autodidakten und Hobbyisten hatten die meisten eine akademische Ausbildung absolviert, was bis auf wenige Ausnahmen auf eine bürgerliche Herkunft verweist. Eine Minderheit befand sich als Schul- und Hochschullehrer im Staatsdienst, wie den anderen war aber auch ihnen der Durchbruch, der große Erfolg versagt geblieben. Die Ausmalung einer Dorfkirche oder eines Ratssaals zählte schon zu den lukrativen und bedeutenden Aufträgen. Weiter finden sich in den nur fragmentarisch überlieferten Biographien Bühnenbilder, Filmausstattungen, Reklamezeichnungen, Bildreportagen für Zeitschriften, Aufträge für Kunstdruck- und Postkarten-Verlage, Friedhofsplastiken, Porträtarbeiten für großbürgerliche Auftraggeber usw.. Diese Künstler des Dritten Reichs produzierten also mehrheitlich schon seit Jahrzehnten nach einem konventionellen Repertoire, daß ihnen in der Grauzone zwischen angewandter und freier Kunst ein bescheidenes Auskommen sicherte. Große Stoffe oder künstlerische Erfindungen, die aber notwendig gewesen wären, um eine spezifisch nationalsozialistische Kunst zu erzeugen, lagen sicher außerhalb ihrer Möglichkeiten. Es ist in diesem Zusammenhang bemerkenswert, daß nur ein verschwindend geringer Prozentsatz von den vielen, die es geschafft hatten, ihre Arbeiten in den Großen Deutschen Kunstausstellungen zu plazieren, jünger als 40 Jahre war, Frauen kamen noch seltener vor.

7. Erwin Knirr, Bäuerlicher Feierabend, 1944, Deutsches Historisches Museum Berlin

Es gibt also offensichtlich biographische Übereinstimmungen zwischen Hitler und den von ihm bevorzugten Künstlern, jedenfalls bis zu dem Zeitpunkt, als er sich fatalerweise entschloß, Politiker zu werden. Auch er hatte sich zuerst in Wien, dann in München in der Künstlerszene herumgetrieben, hatte in den Biergärten und Kneipen von den damals modischen biologistischen Gesellschafts- und Kulturtheorien gehört, hatte neben einigen allerdings völlig mißglückten Landschaften und Akten hauptsächlich Stadtansichten und historische Bauten vom Dia abgemalt und versucht zu verkaufen, hatte mit tiefem Abscheu die damals beginnende Moderne für alle Übel und auch für seinen persönlichen Mißerfolg verantwortlich gemacht. Die „Große Deutsche Kunstausstellung" war in jeder Hinsicht für die Kumpanen seiner Jugendzeit maßgeschneidert, und er wußte auch sehr genau, daß er denen mit Ehre

8. *Arthur Kampf, Jungfrau von Hemmingstedt, 1939, Deutsches Historisches Museum Berlin*

alleine nicht dienen konnte. Er versorgte sie mit der Aufnahme in die „Liste unersetzlicher Künstler" oder in die „Liste der Künstler im Kriegseinsatz", mit „Adlerschilden", „Goethemedaillen" und Professorentiteln, verschaffte ihnen Aufträge und Anstellungen, stellte sie großzügig und reihenweise vom Kriegseinsatz frei und noch wichtiger: Er machte sie reich. Auf der Ausstellung von 1938 kaufte er in mehreren Anläufen insgesamt 202 Werke für 582.185 RM, deckte damit einen beträchtlichen Teil des Gesamtumsatzes und sorgte für eine starke geschäftliche Belebung. Besonders geschätzten Künstlern ließ er im Stile historischer Potentaten Sonderzahlungen, Immobilien und Sachwerte zukommen.

Die Künstler hatten allen Grund, ihn zu lieben. Viele von ihnen wußten, daß ihnen ein Versinken in Bedeutungslosigkeit und Armut bevorstand, daß die Verhältnisse, aus denen ihre Kunst herstammte, nicht wieder zurückkehrten. Die Industria-

9. *Arthur Kampf, Venus und Adonis, vor 1939, Deutsches Historisches Museum Berlin*

lisierung schritt voran, die Republik und die Moderne waren entgegen ursprünglicher Annahme doch keine ‚Eintagsfliegen', die Entwicklungen in den anderen Industrieländern, insbesondere in den USA, bewiesen es, und schließlich drohte aus dem Osten eine weitere, ganz neue Gefahr, das „Gespenst des Kommunismus". Das heißt, ihre Formenwelt litt offensichtlich an völliger Überalterung und konnte nur noch mit staatlicher Unterstützung künstlich überleben, die aber wegen der Weltwirtschaftskrise und ihrer nationalen Folgen am Ende der 20er Jahre allmählich auch versiegte. Mit dem Beginn des Dritten Reiches holte nun der ehemalige Kumpan, Mitstreiter und Mitverlierer Hitler die betagten Abgemeldeten aus der Versenkung und bereitete ihnen ein Comeback, das ebenso großartig wie völlig künstlich war. Zu allem Glück brauchten sie dafür keine ideologischen Kniefälle zu leisten, sie brauchten nur das zu malen, was sie immer schon malten — unbekleidete, kinder-

10. Gerhard Löbenberg, In voller Brunft, vor 1941, Deutsches Historisches Museum Berlin

reiche Bauernfamilien in landschaftlich reizvoller Umgebung bei der Arbeit, mehr nicht. Sie waren davon suspendiert, deutsche Soldaten, die Gestapo oder gar SS-Angehörige im erfolgreichen Einsatz darzustellen.

Der Zeitbezug der Werke ergibt sich also aus dem, was darin nicht vorkommt; was darin aber vorkommt, ist belanglos und zwar betont belanglos. In dieser betonten, affektierten Belanglosigkeit liegt denn auch der einzige, für den Laien kaum sichtbare, eigentlich nur den Originalen entnehmbare Unterschied zu der bloßen Dekorationsware, die diese Künstler vor dem Dritten Reich produzierten. Obwohl es den Bestimmungen der „Großen Deutschen Kunstausstellung" widersprach, wurden sogar vereinzelt großformatige Werke von renommierten Trivialkünstlern zugelassen, die noch aus der Zeit der Weimarer Republik entstammten, und Hitler kaufte konsequenter Weise auch einige von diesen Ladenhütern an. Was bis dahin bürgerliche Wohnzimmer altdeutschen Stils gestalterisch vervollständigte, jener berühmte „Röhrende Hirsch", der auch in dieser Ausstellung selbstverständlich nicht fehlt, erschien im Haus der Deutschen Kunst von diesem Milieu losgelöst, freigestellt auf der weißen Wand als große, autonome Kunst eines großen, autonomen Genies. Deswegen mußten die Künstler mindestens einen Meter an jeder Kantenlänge zunehmen, sie mußten ihre herkömmlichen Motive ins Museumsformat hochrastern und sie durch kraftvollen Farbauftrag und betontes Licht-Schatten-Spiel aus dem tausendfach Einheitlichen herausheben, bis das Bild die gleiche Größe erreichte wie die darauf dargestellte Bauernstube. Ohne Detailverlust wuchs das männliche Geschlechtsteil auf die Größe eines Elefantenkopfs, wenn der zugehörige Herkules vom Bücherregal oder aus der Nische eines großbürgerlichen Treppenhauses an den Rand der Autobahn geriet, um als gigantischer Koloß die „Straße der Führers" zum höchsten Kulturgut zu deklarieren.

Was die Kunst und im übrigen auch die Architektur des Dritten Reichs völlig lächerlich macht, ist die Unwillkürlichkeit dieses Vorgangs, die Unfähigkeit der Autoren, in den ihnen unbekannten Dimensionen zu arbeiten. Die ergaben sich aber logisch aus der Annahme der nationalsozialistischen Auftraggeber, Mäzene und Bauherrn, daß Größe, Masse und hohe Kosten selbst das Primitivste veredeln und zu einer höheren Qualität führen können – ein Kulturhorizont von Emporkömmlingen.

Jede ideologische Funktion, jeder propagandistische Effekt, überhaupt jede intendierte Wirkung geht dieser Kunst verloren, wenn sie den historischen Kontext ihrer Entstehung verläßt. Sie sagt nichts über die Eigentümlichkeit, die furchtbare

11. Franz Xaver Wolf, Nach siegreichem Kampf (Tiroler Bauern), vor 1942, Deutsches Historisches Museum Berlin

Originalität des Nationalsozialismus. Sie entsprach nur dem, was kulturell ungebildete oder unzureichend gebildete Menschen vor und nach dem Dritten Reich mehrheitlich unter Kunst verstanden. Das kulturpolitische Ziel des Dritten Reiches bestand darin, dem bereits vorhandenen volkstümlichen, primitiven Kunstverständnis die Alleinherrschaft zu verschaffen und zu sichern: „Die Kunst dem Volke".

Es sind einige Reaktionen des Führers archiviert auf die vorsichtig und nur intern geäußerte Kritik an der Großen Deutschen Kunstausstellung, die ihm durch Denunziationen bekannt wurde. Man bemängelte auch in den Reihen der NSDAP die Qualitätlosigkeit, die fehlenden Aussagen zum Zeitgeschehen, die Einheitlichkeit der ausgestellten Werke und die Über-

12. *Otto Keck, Feierabend im Bergwald, 1939, Deutsches Historisches Museum Berlin*

macht der Münchener Clique, die nur auf den Trittbrettern der Macht zu Erfolg kommen konnte, aber nicht durch ihre künstlerischen Leistungen. In den protokollierten Selbstgesprächen des Führers vor Publikum hielt er die konstant hohen Zahlen von Ausstellungsbesuchern, die ständig steigenden Verkaufszahlen und Erlöse dagegen. Der große Publikumszuspruch galt ihm als einzig gültige Qualität und diese basierte in erster Linie auf seiner persönlichen Leistung, auf seinen Maßnahmen und Eingriffen in das Geschehen. Der strategische Kern seiner Politik bestand in der Entmachtung der Künstler und Experten zugunsten von „Volksvertretern", die sich weniger durch ein Mandat als durch eine richtige, volksverbundene Gesinnung auszeichneten. Damit meinte er sich selbst und die in praktisch allen Bereichen des Kulturgeschehens von ihm installierten Gewährsleute. Die von ihm korrigierte Auswahl von Kunst-

13. Oskar Martin-Amorbach, *Tagewerk*, vor 1941, Deutsches Historisches Museum Berlin

werken für die erste Große Deutsche Kunstausstellung 1937, jene 80 ausgetauschten Bilder, bestätigten nachhaltig sein Mißtrauen gegenüber den Künstlern, die er permanent verdächtigte, eigenen Qualitätsvorstellungen zu folgen und sich so vom Volke zu entfremden. Deswegen stattete er seinen kunstpolitischen Stellvertreter Heinrich Hoffmann mit den notwendigen Vollmachten und Geldmitteln aus, um die Große Deutsche Kunstausstellung und darüber hinaus auch den Kunstmarkt in seinem populistischen Sinne zu steuern. Es ging bei seinen eigenen, später Hoffmanns Ankäufen weniger um die Ausstattung der Führerpaläste, als vielmehr um die Förderung einer bestimmten volkstümlichen Kunstrichtung.

Man kann es dahin gestellt sein lassen, daß diese Politik nicht wirklich erfolgreich war. Die Besucherzahlen der Münchener Jahresausstellungen schwankten zwischen 420.000 (1939) und 840.000 (1942), angesichts der mehr als halbjährigen Dauer und der Monopolstellung dieser überregionalen Veranstaltung kein überragendes Ergebnis. Ganz besonders peinlich erschienen daher auch die 2 Millionen Besucher der Ausstellung „Entartete Kunst“, die natürlich bei den Erfolgsmeldungen strikt ausgeklammert werden mußten. Außerdem zogen Hitlers Massenankäufe Spekulationsgeschäfte nach, was dann zu Preisen führte, die alles andere als volkstümlich waren. Es kam weniger auf die tatsächliche Volkstümlichkeit als auf die propagandistische an.

Das heißt, insbesondere Hitler aber auch andere Gesinnungsgenossen verwandten größte Mühe und Sorgfalt zur Durchsetzung des Populismus in der Kunst. In dieser staatlichen Aufwertung und Verehrung des Vulgären lag also die eigentliche ideologische und propagandistische Funktion. Der Nationalsozialismus entstammte nämlich einer Massenbewegung und war nicht durch Putsch oder ausländische Militäraktionen an die Macht gekommen, wie viele andere Diktaturen, sondern durch aktive Unterstützung, durch Wahlen, Zustimmungen und Duldungen. Die Nationalsozialisten kannten die geistige und kulturelle Verfassung ihrer Anhängerschaft und der Mehrheit der Bevölkerung genau. Die hier vorgestellte Auswahl der von Hitler gekauften Werke spiegelt also den damals herrschenden volkstümlichen Kunstbegriff exakt wider. Die neue, große Kunst, mit der sich das Dritte Reich in die Geschichte einschreiben wollte, war tatsächlich eine längst vorhandene, daher weitgehend ideenlose und bereits überlebte. Ihr wurde durch staatliche Veröffentlichungsverbote für alle Richtungen der Moderne lediglich die Konkurrenz vom Halse geschafft und durch staatliche Subventionen ein massenhaftes, lautstarkes und affektiertes Auftreten ermöglicht.

14. *Carl Theodor Protzen, Baustelle – Reichsautobahnbrücke Jena, vor 1939, Deutsches Historisches Museum Berlin*

15. *Carl Theodor Protzen, Reichsautobahnbrücke Köln, vor 1941, Deutsches Historisches Museum Berlin*

„Die Kunst dem Volke“ muß demnach als ein Beuteversprechen interpretiert werden. Die Mehrheit des deutschen Volkes erwartete vom Dritten Reich einen fundamentalen Eingriff in die gesellschaftlichen Strukturen und Entwicklungen, radikale Lösungen für die zahlreichen Krisen, wollte zugleich aber von allen Veränderungen der persönlichen Lebensgewohnheiten und -ansichten verschont bleiben. Im Gegenteil, man versprach sich einen Erhalt der angestammten Privilegien und sozialen Errungenschaften, sofern vorhanden, und darüber hinaus verbesserte Aufstiegs- und Gewinnchancen für die herkömmlichen Talente, Kenntnisse und Fähigkeiten. Die für die Lösung der Krisen notwendigen Veränderungen sollten nur die anderen betreffen, und die anderen waren wie immer die Minderheiten und die Ausländer. Es stand auch für die „Ärmsten im Geiste“ zu vermuten, daß die Nicht-Spießer in dem Maße bluten mußten, wie die Spießer ungeschoren, ja bereichert davonkamen, daß die Bereicherung überhaupt eine Frage der Gewalt, des Raubes und Raubmordes war. Deswegen hatte die Doppelausstellung „Große Deutsche Kunstausstellung“ und „Entartete Kunst“ so große propagandistische Bedeutung, sie schied die Anspruchsberechtigten von den Opfern. Die „Entartete“ signalisierte eine tabubrechende Gewaltbereitschaft im Umgang mit den Opfern. Dem spießigen Publikum wurde denunziert, was die öffentlichen Sammlungen für die Erwerbungen der Moderne bezahlt hatten. So konnte symbolisch die Gewinnhöhe errechnet werden, die sich aus dem Entzug der Lebensgrundlage für die Entarteten ergab. Die Verwendung der so frei gewordenen Mittel demonstrierte die gleichzeitige „Große Deutsche Kunstausstellung“, und wer sich mit deren Niveau identifizierte, konnte und sollte mit Gewinnausschüttung rechnen.

Diese überaus wichtige Propaganda fiel tatsächlich nicht in die Zuständigkeit der Künstler, da sie ihre Arbeiten als Kunst

16. Michael Matthias Kiefer, Die Wacht, 1940, Deutsches Historisches Museum Berlin

betrachteten und nicht als symbolische Beuteversprechen. So mußte der Führer persönlich darüber wachen, daß jede Entwicklung des künstlerischen Geschehens zu höheren Ansprüchen und damit mangelnder Verständlichkeit unterblieb. Es durfte beim Volk keinesfalls der Eindruck entstehen, daß Krieg und Bürgerkrieg nur der Bereicherung einer kleinen Machtelite diente, denn der Zusammenbruch der volkstümlichen Kriegsbereitschaft hätte das Ende des Dritten Reichs bedeutet. Die strikte Beibehaltung des vulgären, populistischen und biederen Niveaus in allen kulturellen Dimensionen hat sicherlich dazu beigetragen, daß die Mehrheit der Bevölkerung bis zum bitteren Ende an den Erfolg und die Gemeinnützigkeit des Dritten Reiches und seiner Verbrechen glaubte.

Der Kunst des Dritten Reichs kam also eine hintergründige propagandistische Funktion zu, die in der Repräsentation, Eingrenzung und Feststellung einer bereits vorhandenen Mehrheitsmeinung bestand, aber nicht dazu diente, den Kreis der Anhänger, das heißt der Beuteberechtigten und Kriegsgewinnler, durch Überredungen, durch erzieherische Maßnahmen unkontrolliert zu vergrößern. In dieser Selbstgenügsamkeit und durch den Mangel an Suggestivität unterschied sie sich von allen anderen Strömungen der Antimoderne.

OFFIZIELL/INOFFIZIELL — DIE KUNST DER DDR

Die Kunstgeschichte der DDR wird hier aus der eigentümlichen Perspektive eines seit 1993 in den neuen Bundesländern wohnhaften Westdeutschen betrachtet, der die rheinischen Ausstellungen der Sammlung Ludwig mit Bildern aus den sozialistischen Ländern seit den 1980er Jahren mit Interesse verfolgt hat. Die Ergebnisse dieser Betrachtungen sind summarisch, könnten von Detailuntersuchungen widerlegt werden und weichen in der Interpretation streckenweise ab von der mittlerweile sehr umfangreichen und kenntnisreichen Literatur zu diesem Thema. Es handelt sich also nur um einen Interpretationsvorschlag, der von einem eigentümlichen, subjektiven Standort aus unterbreitet wird.

Ziel des Vorschlags ist die Erlangung von Übereinstimmung darin, daß mit der DDR auch deren Kunst Geschichte geworden ist. Der Gegenstand soll also in einer imaginären Zukunft als abgeschlossene Entwicklung erscheinen und das Interesse richtet sich auf die Gründe für die Beendigung. Vor allem erscheint die Tatsache spannend, daß es eine Kunstposition und eine Kunstopposition gab, die beide den Staat nicht überlebt haben, obwohl die Opposition teilweise auffallende Ähnlichkeit mit der Kunst des Westens hatte. Das könnte ein Vorbote sein, für den zu erwartenden Untergang der Westkunst, die nämlich nicht von dem Untergang der DDR-Kunst profitiert hat. Es bietet sich also an, die kulturellen Wechselbeziehungen zwischen Ost und West in den Vordergrund zu stellen, um eine Erklärung für diese eigentümliche historische Konstellation zu finden.

Die ersten Jahre nach dem Krieg, vor der Gründung der beiden deutschen Staaten, zeichneten sich durch ein erstaunlich vielfältiges Kulturangebot aus, das auf großes Interesse stieß und, soweit es die eingeschränkten Möglichkeiten erlaubten, rege verfolgt wurde. Allein die „Erste Allgemeine Deutsche Kunstausstellung“ in Dresden 1946 zeigte 600 Werke von 250 Künstlern und zählte 75.000 Besucher; Zahlen, die selbst heute noch beachtlich sind.

Viele Kulturproduzenten, Künstler, Architekten, Kunstgewerbler, Musiker, Schauspieler, die im Dritten Reich ihre berufliche Laufbahn fortgesetzt oder begonnen hatten, waren vom Krieg und der anschließenden Entnazifizierung verschont geblieben. So ergaben sich schon aus biographischen Gründen zahlreiche Kontinuitäten zur Kultur des Dritten Reiches, wenn auch nicht in inhaltlicher, so doch in formaler Hinsicht. Das traf besonders auf die Alltags- und Unterhaltungskultur zu. In Billy Wilders Film „1,2,3“ von 1961 wurden die militärischen Umgangsformen des deutschen Zivillebens aus amerikanischer Sicht gekonnt persifliert. Zu dieser Persiflage paßten die schmalzigen Heimatfilme mit Musik- und Tanzeinlagen, die im Dritten Reich schon für Unterhaltung gesorgt hatten.

Überhaupt gestaltete sich die volkstümlich praktizierte Alltagskultur überwiegend nach konventionellen Mustern, die oft schon seit der Jahrhundertwende in Gebrauch waren. Die immensen Umbrüche, Katastrophen und Fortbeschleunigungen, die sich in Deutschland zwischen 1930 und 1960 ereigneten, konnten vermutlich nur durch das Festhalten an Vertrautem, durch Heimattümelei verkraftet werden. Deswegen bildeten sich die politischen Ereignisse dieser Zeit auch nicht oder nur unzureichend in der Geschichte der Alltagskultur ab.

Solange es sich um private Aufträge handelte, blieb der Umstand weitgehend belanglos, daß es besonders viele biographische Kontinuitäten zwischen dem Dritten Reich und dem Nachkriegs-Deutschland in der Architektur gab. Im Zuge des Wiederaufbaus kriegszerstörter Städte konnte die Gesellschaft auch kaum auf die Fachleute verzichten, die sich noch während des Dritten Reiches auf diese Aufgabe vorbereitet hatten. Es kam verschleiernd hinzu, daß man schon alleine aus Kostengründen die von den nationalsozialistischen Staats- und Parteibauten bevorzugten Dekorationen nach 1945 wegließ. Wohl aber folgte man bei der Stadtgestaltung, aber auch beim Industrie- und Wohnungsbau den Planungsvorgaben der 40er Jahre.

Auch die Nachkommenschaft der klassischen Moderne, deren wichtigste Vertreter allerdings im Ausland oder gestorben waren, hatte der Krieg und der Nationalsozialismus nicht völlig ausgelöscht. Insbesondere die Architekten und Designer waren während des Dritten Reiches in der Industrie, vornehmlich bei der Rüstungsproduktion untergekommen, wo sie ihre Stilvorstellungen weiterhin verwirklichen konnten. Im Zuge des Wiederaufbaus nahmen sie in einigen Städten auch einen wichtigen Anteil an der Gestaltung der Nachkriegsarchitektur, wobei aber auch hier eine den wirtschaftlichen Verhältnisse angepaßte Vereinfachung und Rationalisierung der Formensprache zu beobachten war. Im Laufe der späteren Nachkriegsjahre ergab sich daraus ein herstellungstechnischer Pragmatismus, eine Entideologisierung der Formen, die vor allem die Architektur und das Industriedesign in beiden Teilen Deutschlands prägte.

Andere Vertreter der Vorkriegsmoderne, hauptsächlich aus den Bereichen der freien und angewandten Künste, konnten und mußten eine akademischen Laufbahn einschlagen, da ein freier Kunstmarkt und die private Auftragslage infolge der Kunstpolitik des Dritten Reiches und des Krieges zusammengebrochen waren. Sie ersetzten an Schulen und Hochschulen oft diejenigen Forschungs- und Lehrkräfte, die sich aufgrund ihrer engen Verbindung zum Nationalsozialismus untragbar gemacht hatten. Die Akademien wurden dadurch zu den wichtigsten Lebensadern der „Nachkriegsmoderne“.

Der Konsum moderner Kulturerzeugnisse beschränkte sich dementsprechend auf eine Bildungselite. Sie wollte damit ihre humanistische und aufgeklärte Einstellung ausdrücken und auch eine Oppositionshaltung dokumentieren zu dem hohl-pathetischen, dröhnenden, propagandistischen und affektierten Stil des Nationalsozialismus. Die vom Ursprung der klassischen Moderne abstammende Verbindung zur Bildungselite weitete sich im Laufe der 50er Jahre in Westdeutschland auch auf Teile der Geldelite aus. Diese Entwicklung folgte amerikanischen Beispielen, da die Moderne in den USA schon seit den 20er Jahren zu den bevorzugten Statussymbolen eines aus Europa stammenden, gebildeten Geldadels gehörte, der sich damit von den zu Geld gekommenen ‚Tellerwäschern‘ unterscheiden konnte.

Ein weiteres wichtiges Kulturangebot lieferten die meist aus der inneren und äußeren Emigration zurückgekehrten Künstler, die sich im Widerstand gegen die nationalsozialistische Diktatur engagiert hatten. Sie vertraten eine explizit politische, antifaschistische und antikapitalistische Kultur, die ihre Gestaltungsaufgaben im gesellschaftlichen Bereich und in den politischen Machtstrukturen suchte. Ein brisantes Thema dieser Erörterungen war die Verflechtung von Kapital und Macht, die sich in Westdeutschland nach dem Krieg fortgesetzt hatte. Stil- und Formfragen galten in diesen Künstlerkreisen als nachrangig gegenüber den zeitkritischen Fragen, es gab daher kein gemeinsames Formverständnis, die Form ergab sich meist aus dem jeweiligen politischen Zweck. Diese Kunst war unbequem, vielen zu inquisitorisch, anderen zu freudlos, galt als nicht mehrheitsfähig und nicht kommerzialisierbar und brauchte daher einen schützenden Staat. Viele ihrer Vertreter suchten nach einer neuen Utopie und setzten dabei überwiegend ihre Hoffnungen in die gerade entstehende DDR.

In Westdeutschland bildeten sich mit einiger Zeitverzögerung ebenfalls kritische, linke Künstlerkreise, besonders früh und produktiv bei den Schriftstellern, zu deren wichtigsten Themen die Aufarbeitung des Dritten Reiches zählten. Solche Werke wurden in beiden Teilen Deutschland überwiegend nicht geliebt, aber mehrheitlich geachtet und respektiert, weil eine radikale Verurteilung als rechtsextreme Selbstbezichtigung erschienen wäre.

Eine weitere große Kulturbewegung löste in der frühen Nachkriegszeit die Kirche aus. Fast ganz beschränkt auf Westdeutschland bereitete dieses Phänomen die kommende Kulturspaltung vor. In rascher Folge wurden im Westen Tausende neuer Kirchen gebaut und die kriegsbeschädigten wieder repariert, was nicht nur Architekten, sondern auch viele Kunstgewerbler und Künstler ins Brot setzte. Die Formensprache pflegte einen unaffektierten, betont undekorativen und schlichten Ausdruck, der sich stilistisch oft an gemäßigte Varianten des Expressionismus der 20er Jahre lehnte. Diese Kirchenkunst entsprach der in Westdeutschland üblichen Vergangenheitsbewältigung, dem Ausmaß der Schuldbewußtheit; sie vermittelte Ermahnung und Demut und kam so dem allgemeinen Verlangen nach Wiedergutmachung und Selbstverzeihung entgegen. Gemäß ihres ernsthaften, akademischen Auftretens fand diese Kunst eine bewußte Verehrung vor allem in den gebildeten Kreisen Westdeutschlands und erreichte trotz der sonntäglich gut gefüllten Kirchen keinen hohen Grad an Volkstümlichkeit, sondern wurde zu einer an die Institution der Kirche gebundenen Ausdrucksform.

Neben diesen einheimischen Kulturströmungen übten die kulturellen Importe der Siegermächte einen entscheidenden Ein-

17. Burghardt Heinrich, Frauen im Luftschutzkeller, 1947, Kunstsammlungen Weimar

18. Willi Sitte, Unter Trümmern, 1955, Kunstsammlungen Weimar

fluß aus, insbesondere die der Amerikaner. Sie stellten gegenüber den deutschen Kulturen einen radikalen Bruch dar, eine Werteanarchie. In ihrer bisweilen intellektuellen Anspruchslosigkeit und kommerziellen Orientierung verhielt sich die amerikanische Kultur absolut ehrlich und legte zugleich größten Wert auf höchste Unterhaltsamkeit, worin sie Weltbestleistungen erzielte. Darin war sie affektiert, ansonsten aber keinem Stil und keinem Inhalt verpflichtet und produzierte mit großer Jugendlichkeit und Lebendigkeit dauernd neue Überraschungen. Ihre Modernität bestand in ihrer massenmedialen Konstruktion, die vor allem im Film und in der populären Musik für große, ständig zunehmende Erfolge bei einem allerdings ausschließlich jugendlichen Publikum sorgte.

So gut wie alle älteren Deutschen lehnten diese amerikanischen Kulturimporte strikt und lauthals ab, die Bildungsbürger jeglicher Gesinnung ebenso wie die kulturell wenig interessierte Mehrheit, die dadurch ihren konventionellen Lebensstil bedroht und gestört sah. Diesem Plebiszit folgten die Kulturpolitiker, die sich unter dem Protektorat der sowjetischen Militäradministration in Ostdeutschland auch durchsetzen konnten, während den westdeutschen Amtskollegen nur die Förderung und Verteidigung der herkömmlichen Kulturwerte vor allem bei der Jugenderziehung blieb.

Damit verschob sich in Westdeutschland die Trennlinie zwischen konservativen und modernen Kulturgesinnungen. Die vor dem Krieg noch zerstrittenen Parteien der Modernen und der Konservativen rückten paradoxerweise zu einer konservativen Wertegemeinschaft zusammen, die sich die Verteidigung eines hohen, humanistischen Bildungsanspruch gegen den amerikanischen Kulturverfall zur Aufgabe machte. Schon damals konnte die Moderne ihrem Anspruch auf Gestaltung des gesellschaftlichen Fortschritts nicht mehr gerecht werden und war ohne Unterstützung eines konservativen Bürgertums nicht lebensfähig.

Die Sowjetunion propagierte in ihrem Territorium, auch um der drohenden Kulturhegemonie der USA zuvorzukommen, eine eigene, staatseigene Kultur. Dabei handelte es sich um das am meisten veraltete Kulturangebot. Die Formensprache befand sich auf einem Entwicklungsstand der 30er Jahre, als dieser Stil nicht in jedem Land, aber weltweit verbreitet war. Ordnung und Monumentalität von klarer, kalter Pracht gehörten zu ihren wesentlichen Charakteristika, besonders geeignet als Symbol eines großen, starken, sehr einheitlichen Kollektivs oder Staates. Diesen Stil ließ man spätestens nach 1945 weltweit wieder fallen, weil einige dieser großen, starken Kollektive so immense Schäden angerichtet hatten, daß es eher angeraten schien, auch in kultureller Hinsicht die Individuen zu stärken und die Kollektive zu entmachten. Nur die Sowjetunion sah das nicht so, behielt diesen Stil unverändert bei und steigerte ihn noch im Laufe der 50er Jahre in teilweise absurde Dimensionen. Das entsprach auch der rückständigen politischen Kultur in der UdSSR, wo sich mit der Alleinherrschaft Stalins ein diktatorischer Personenkult erhalten hatte, der ideologisch aus den 20er/30er Jahren stammte. In dieser Zeit waren derartige Staatsverfassungen zumindest in der Diskussion und zum Beispiel in Italien, Deutschland und Spanien auch realisiert worden. Mit dem allmählichen Verebben der Aggressionspotentiale verloren auch die Diktaturen an Existenzberechtigung, so daß Stalin und seine Vasallen als anachronistische Figuren zumeist nur noch wegen ihrer militärischen Macht ernst genommen wurden.

Beim Kampf um die Machterhaltung fiel der stalinistischen Kultur die Aufgabe zu, die Größe, Stärke und Gewaltigkeit der Staatsführung noch deutlicher herauszustellen, um die inneren und äußeren Gegner in Angst und Schrecken zu versetzen. So herrschte ein kultureller Übertreffungs-Ehrgeiz, der vor allem in der kriegszerstörten sowjetischen Besatzungszone jeder Grundlage entbehrte und außerdem kaum stilistische Unterschiede zu den Ausdrucksformen des Dritten Reiches aufwies.

Diese Formen konnten aufgrund ihrer Opulenz nur akklamiert, aber nicht volkstümlich praktiziert, nicht zum Bestandteil der Alltagskultur werden. Die Vermittlungsform war auf kollektive Erlebnisse, auf Massenveranstaltungen zugeschnitten, die sich einem individuellen kontemplativen Genuß ebenso versperrten wie einer massenmedialen Verbreitung, die trotzdem in eine individuelle Rezeption einmündete. Deswegen basierte die Existenz dieser Kunst nur auf dem Staat, der die notwendigen Massenveranstaltungen organisierte und nichts dem Zufall überließ, weil bei mangelndem Massenzuspruch dem Formaufwand die Berechtigung gefehlt hätte. Der Staat mußte auch helfen, den Hegemonieanspruch durchzusetzen, der in den riesigen Dimensionen schon ausgedrückt war und der sich mit anderen Kunstauffassungen nicht vertragen konnte. Wegen dieser staatlichen Interventionen läßt sich auch nicht mehr sicher feststellen, wie groß der Publikumszuspruch in den ersten Nachkriegsjahren wirklich war. Sicher ist nur, daß es außerhalb der sowjetischen Besatzungszone keinen Zuspruch gab, bestenfalls Kopfschütteln.

Dem Selbstverständnis und der Verfassung gemäß, wie sie von der Sowjetunion geprägt waren, mußten sich die Staatsorgane der DDR gestaltend in das Kulturgeschehen einmischen und dabei partei- und klassengebundene Interessen durchsetzen. Dies geschah nach kurzem Vorlauf am Anfang der 50er Jahre und zwar in Form einer kulturpolitischen Positionsbestimmung, die unter der Bezeichnung Formalismus-Debatte in die Geschichte eingegangen ist.

19. Otto Knöpfer, Glasbläser, 1950, Kunstsammlungen Weimar

Mit explizit antifaschistischem Anspruch waren bis dahin in Ostdeutschland zwei Kulturbewegungen aktiv und produktiv geworden. Einmal handelte es sich um die mehrheitlich sozialistisch orientierten Künstler des antifaschistischen Widerstands, die so gut wie alle künstlerischen Gattungen und Betätigungsfelder vertraten. Wieder mußten auch diese Altsozialisten und Altkommunisten die Erfahrung machen, daß die Revolution ihre Kinder frißt, denn es wurden ihnen keine Einflußmöglichkeiten auf die Gestaltung der Politik gewährt, sondern nur Pensionsansprüche, allerdings unter der Voraussetzung, daß sie wider ihre Überzeugung einem System zustimmten, das mit den hergebrachten, theoretischen Vorstellungen vom Sozialismus nichts gemein hatte. Diejenigen, die im Laufe der 50er Jahre nicht in den Westen gingen, erklärten ihre mißliche Lage mit den Kinderkrankheiten einer neuen Politik und ermahnten sich und andere zu „revolutionärer Geduld".

Zum anderen konnten die Modernen in formaler Hinsicht ebenfalls Widerstand gegen das Dritte Reich nachweisen, genauer gesagt den Widerstand des Dritten Reiches gegen sie. Wenn es sich dabei auch um keine parteipolitische Kunstrichtung handelte, so bot sie doch die Möglichkeit zum Experimentieren und zur Weiterentwicklung und hatte aufgrund ihres gemeinsamen Formverständnisses das Zeug zu einer Staatskunst, zur Ausdrucksform eines modernen, industriellen Staates mit kollektiver Verfassung.

Die daneben noch existierenden Reste einer konventionellen Unterhaltungs- und Alltagskultur waren ebenso überaltert wie der Sowjetstil und scheinbar wenig geeignet, einem ersten sozialistischen Staat auf deutschem Boden die Form zu geben. Daß es dennoch auf die Kombination dieser beiden Kulturformen, der konventionell-alltäglichen und der sowjetischen, hin auslief, zählt zu den größten politischen Unfähigkeiten, die in den Anfangsjahren der DDR begangen wurden.

Es lohnt sich kaum auf die Formalismus-Debatte, die im übrigen mehr ein Machtmonolog war, im Detail einzugehen. Ihr schon vor Beginn feststehendes Ziel bestand im Verbot der Moderne, die man nicht mehr als entartet bezeichnete, sondern als formalistisch-dekadent, bürgerlich-elitär, krank und unlebendig. Bis auf die Umbenennung dieses Verbots stimmte alles andere mit der Kulturpolitik des Dritten Reiches überein. Es ging erneut gegen eine internationale Formverständigung besonders mit dem westlichen Ausland, die als Bedrohung nationaler Kulturidentität gesehen wurde, und wieder sollte der kulturschwächste Teil des deutschen Spießertums hofiert werden, aus dem die neue Führungselite der Republik zumeist selbst entstammte. Was die DDR-Kulturpolitik dem Projekt der Moderne theoretisch entgegensetzte, war von gleicher Qualität: Der Sozialistische Realismus, ein sowjetischer Zensurkatalog aus den 20er Jahren, weder theoretisch schlüssig noch überhaupt praktizierbar. Wie der Titel schon besagt, handelte es sich um ein Realismus-Verbot und genauer gesagt um eine Aufforderung an die Künstler, die Realität so schön zu färben, daß die Beschönigung realistisch erscheint. Dieser gewöhnliche Werbe- und Propagandaauftrag sollte nicht als Propaganda erkennbar sein, sondern als Kunst, da doch auch die DDR für sich in Anspruch nahm, als Staat eine neue Qualität in der Kunstentwicklung bewirken zu können. In Unkenntnis der kunsthistorischen Tatsachen wurden wieder die deutschen Realisten des 19. Jahrhunderts und ihre betulichen Epigonen als praktische Vorbilder benannt und Otto Grotewohl erklomm den Gipfel der Peinlichkeit, als er in diesem Zusammenhang die gleichen historischen Maler wie Hitler zur Nachahmung empfahl.

Die Identität dieser Kulturpolitik mit der des Dritten Reichs kann keinem halbwegs denkfähigen Menschen damals entgangen sein und muß daher auch in der Absicht der Machtelite gelegen haben. Ein naheliegender Grund bestand in der großen Not, unter der die Bevölkerung der DDR zur Mitte der 50er Jahre litt.

Die Führungselite stammte meist aus einfachen Verhältnissen und hatte viele Jahre in Gefangenschaft, im Exil oder im Untergrund gelebt, so daß es ihr an Kenntnissen, Fähigkeiten und Bildung, kurz an allen Voraussetzungen für eine erfolgreiche Regierungsarbeit mangelte. Dennoch waren alle Entscheidungen, vor allem die ökonomischen, im Politbüro zentralisiert, wo ein heute kaum mehr vorstellbarer Dilettantismus herrschte. Auch der Glaube an die Potenz des Dilettantischen, des bloßen, tiefen Willens, der besser für Einigkeit, für Massenzuspruch und damit für eigendynamische Entwicklungen sorgen kann als die in Bedenken verfangene Vernunft, gehörte zu den Erbschaften der 20er und 30er Jahre. Auf dieser Basis wurde dann eine gegen die gewachsenen Strukturen gerichtete Planwirtschaft in Gang gesetzt und die Bevölkerung mußte die folgenden Katastrophen erdulden. Um den Einsatz des sowjetischen Bedrohungspotentials gegen die protestierende Bevölkerung zu vermeiden, trachtete die Staatsmacht nach einer eigenen Autorität, die aus Gründen der einfachen Verständlichkeit und der Gewohnheit aus den nationalsozialistischen Traditionen abgeleitet wurde. Das betraf nicht nur die Kunst, sondern auch die Gestaltung der Massenveranstaltungen, der Polizeiuniformen, die Vermeidung öffentlicher Diskussionen und Dispute.

Diese kulturpolitische Strategie schlug allerdings fehl. Für anspruchsvolle und qualifizierte Künstler gingen alle Arbeitsbedingungen verloren. Im Stile des ausgehenden 19. Jahrhunderts sollten aktuelle Geschehnisse erfunden und den Betrachtern dennoch als pausibel und real vermittelt werden. Viele Kulturproduzenten gingen wegen der militanten Unsinnigkeit dieser Aufträge entweder in den Westen oder in die innere Emigration, was einen von der Regierung zwar kaum wahrgenommenen, aber erheblichen Schaden anrichtete. Diejenigen Künstler, denen die Sache des Sozialismus wichtiger war als die persönlichen Behinderungen und Mißachtungen, mußten eine Verflachung und Qualitätsminderung ihrer Werke hinnehmen.

Profit machten wieder nur die Drittklassigen, die mit meist großformatigen Aufträgen bedacht und begünstigt wurden. Besonders beliebt waren in diesem Zusammenhang große Wandbilder in öffentlichen Räumen, an Schulen, in Fabrikkantinen, in Eingangshallen von Rathäusern. Diese entsprachen der Vermittlungsabsicht und übernahmen eine für die sowjetische Kunst typische Ausdrucksform, die in der deutschen Kunstgeschichte allerdings selten vorkam. Es bestand also eine gewisse Stilunsicherheit, denn die von der Regierung bevorzugte realistische Formensprache des 19. Jahrhunderts konnte dabei nicht verwendet werden. Zu diesen Schwierigkeiten kam noch hinzu, daß die Durchführung der nach Wettbewerben durch Laienkommissionen vergebenen Aufträge Schritt für Schritt mit politischen Funktionären, mit Ideologiewächtern durchgesprochen werden mußten. Die sorgten dann dafür, daß das Werk in theoretisch-inhaltlicher wie formaler Hinsicht auf den kleinsten gemeinsamen Nenner gebracht wurde, es mußte dem allgemeinsten Kunstverständnis entsprechen, eine leicht verständliche, aber politisch absolut korrekte Botschaft vermitteln und den vorgesehenen Ort gestalterisch positiv beeinflussen. Im Ausdruck und Stil erinnern die frühen Wandbilder an vergrößerte Illustrationen und Erklärungszeichnungen, wie man sie in Schul- und Sachbüchern oder Bedienungsanleitungen der 50er Jahre auch in Westdeutschland häufig fand — verallgemeinernde Darstellungen mit meist starken, auf das Wesentliche reduzierten Konturlinien und davon oft unabhängigen Farbfeldern, die den Bilder Flächigkeit und plakative Wirkung verschafften. Dabei zeigten solche Werke eine eigentümliche Unentschiedenheit zwischen pathetischer Erzählung und statischer Heraldik, festgefrorene Bewegungen, um den prinzipiellen Charakter des Dargestellten zu verdeutlichen. Diese illustrative und plakative Ausdrucksweise der Wandbilder, die in ihrer Sterilität manchmal an die Formensprache der gleichzeitigen westdeutschen Kirchenkunst erinnert, breitete sich in der gesamten Malerei der DDR aus, reichte bis weit in die 70er Jahre und wurde zum Synonym eines offiziellen sozialistisch-realistischen Kunstverständnisses.

Zugleich muß aber auch feststellt werden, daß diese Kunst mit der Bildproduktion des Dritten Reiches nicht völlig identisch ist. Die NS-Kunst hatte keinen ausdrücklichen, parteilichen Erziehungs- und Propagandaauftrag, da badete der Hirsch und röhrte die Diana zum reinen Wohlgefallen von Volk und Führer. Damit entfiel auch die Notwendigkeit, die Erfüllung des Parteiauftrags, die Linientreue ständig zu kontrollieren. Die Kunst der DDR sollte aber die Politik volkstümlich machen, während sich das Dritte Reich der volkstümlichen

Kunst ohne produktionshemmende, staatliche Eingriffe bedienen konnte.

Der durch diese Kulturpolitik der DDR bewirkte Künstler- und Qualitätsschwund stellte aber nur einen unter vielen Mißständen dar. Ein weiterer ergab sich daraus, daß der Staat die Kunstproduktion an sich gezogen hatte und durch Dirigismus eine ideologie-identische, großdimensionierte Kunst erzwang, die die verbliebenen Künstler in eine permanente Auseinandersetzung mit den Staatsvertretern hineinzog. Die Strukturen eines bis dahin existierenden privaten Kunstmarktes, der hauptsächlich mit bürgerlicher Kunst gehandelt hatte, waren weitgehend zerstört, ein neuer konnte sich wegen staatlicher Behinderungen und der herrschenden Armut nicht entwickeln. Damit riß die Kommunikation zwischen den Künstlern, Galeristen, Kunstliebhabern, Sammlern und interessierten Laien ab. Die fast völlige Verstaatlichung des Kunstbetriebs reduzierte die Produktion und die Kunstdiskussion auf Staatsaufträge und staatliche Kunstveranstaltungen. Es ging um die Verdrängung einer Kultur für die Bildungselite zugunsten eines neuen Primitivismus als gemeinsamer Verständigungsgrundlage zwischen Volk und Führung. Und genau dieses Ziel mußte eine solche Strategie verfehlen, weil sie dem Volk keinerlei Mitbestimmung an der künstlerischen Entwicklung einräumte. Das real existierende Volk konnte die Kunst nicht konsumieren, weil sie der Bewahrheitung einer Ideologie, einer abstrakten Vor stellung vom Volk diente und sich gegen jede davon abweichende Form der Volkstümlichkeit versperrte. Man konnte sie auch nicht adaptieren und in die Alltagskultur integrieren, weil sie in ihren Formen und Formaten für den öffentlichen Raum, für öffentliche Ansprachen bestimmt war und keinerlei Verbindung mit einer privaten oder intimen Formenwelt einging. Schließlich war auch eine kritische Auseinandersetzung mit der Kunst-

20. Lothar Zitzmann, Fechter, 1969, Kunstsammlungen Weimar

produktion in öffentlicher Rede oder in der Presse nicht möglich.

Das Volk existierte nur als politischer Begriff, den die Künstler zu illustrieren hatten, während das reale Volk und eine wirkliche Volkstümlichkeit wie zu Zeiten des Feudalismus keine oder nur eine subversive Rolle in der Kultur und Politik spielte. Als Mitte der 70er Jahre der neuerbaute Palast der Republik ein großes Bildprogramm zur inneren Ausschmückung erhielt, hieß der Beitrag Walter Womakkas bezeichnenderweise „...wenn Kommunisten träumen...“, womit nicht die Träume der Künstler oder gar die des Volkes gemeint waren.

Anders als im Dritten Reich war die Kunst und Kultur der DDR so weit weg vom Volk wie keine andere Kunsterscheinung des 20. Jahrhunderts. Der ideologische Begriff vom Volke galt mehr als das Volk selbst, dem die Kunst wie die Politik auch immer nur Mißtrauen entgegenbrachte. So wie Kunst ihren Betrachtern mißtraute, mißtraute sie sich auch selbst und eine mißtrauische Grundhaltung durchzog die Kultur, schließlich die gesamte Gesellschaft.

Das unbeabsichtigte Ergebnis dieser Kulturpolitik erbrachte eine kulturelle Unterversorgung der Bevölkerung, die keine Anregungen für die Geschmacksbildung erhielt. Sie war an den künstlerischen Entwicklungen kaum beteiligt, und wenn, gab es kein entsprechendes Angebot seitens der angewandten Künste, seitens der Kulturindustrie, die einem weitergebildeten Geschmack entsprochen hätte. Diese Mangelerscheinung erst eröffnete den Markt für die Geschmackseinflüsse des westlichen Auslands, so daß selbst die so verhaßten amerikanischen Kulturprodukte und Waren eine größere volkstümliche Wirkung hatten, als die entsprechenden landeseigenen Erzeugnisse. Einem Großteil der Bevölkerung mangelte es allerdings an Gelegenheit, Bildung und Geld, den atlantischen Entwicklungen zu folgen. Den an Bildung und Kultur Interessierten blieb dann oft keine andere Wahl als die kulturelle und gestalterische „Heimwerkerei". Im Verhältnis zu anderen, westeuropäischen Ländern kam es trotz vereinzelter Bemühungen um eine Verbesserung der Situation zu einer allgemeinen Verbiederung und Provinzialisierung der Alltagskultur, die innerhalb und außerhalb der DDR wenig Attraktivität besaß und zu einer Isolierung und Diskriminierung, Selbstisolierung und Selbstdiskriminierung des Landes führte.

21. Willi Sitte, Liebespaar im Badezimmer, 1973, Kunstsammlungen Weimar

Die von der Kulturpolitik ausgelöste Formalismus-Debatte am Anfang der 50er Jahre verursachte einen weiteren strategischen Fehler, der mit einiger Verzögerung eine kulturelle Kontraproduktion hervorrief. Diese Entwicklung hätte mit einem geringen Denkaufwand verhindert werden können und sie war genauso wenig nötig wie der überflüssige, volkstümliche Primitivismus. Gemeint ist die wortreiche Niederschlagung der

Moderne, der mit großer Akribie jede Ausdrucks- und Entwicklungsmöglichkeit genommen wurde. Nach offiziellem Sprachgebrauch sollte damit nicht nur der bürgerlichen Elite ihr Medium genommen, sondern auch die DDR vor dem Einfluß des amerikanischen Imperialismus und seinem modernen, internationalen Stilverständnis geschützt werden. Das war tatsächlich das einzige kulturelle Ereignis in der DDR von internationaler Wirkungsmacht.

Man muß dabei bedenken, daß die Moderne in den 50er Jahre nur noch geschichtliche Bedeutung hatte und ein Verbot überflüssig war. In einigen Diktaturen der 20er und 30er Jahre, also zuerst in der UdSSR, dann in Deutschland und zum Teil auch in Spanien, fand die Moderne ein zensorisches Ende, während sie in Italien, in den skandinavischen Ländern, in Frankreich, in den USA und Großbritannien ungehindert fortgesetzt zu einem natürlichen Abschluß gelangte.

Das heißt, im Westen, im atlantischen Raum, hatte sie ihren Formendogmatismus, ihren Alleinherrschaftsanspruch, ihre verbindlichen ästhetischen Weltentwürfe deswegen von selbst aufgegeben, weil es nach dem Krieg keine mächtigen konservativen Gegner mehr gab. In diesem Moment mußten die ursprünglichen Welterlösungsphantasien, wie sie hauptsächlich in der modernen Architektenschaft beliebt waren, versagen, weil ihrer Einlösung nichts mehr im Wege stand. Die gigantischen Zerstörungen des Krieges schufen städtebauliche Idealbedingungen für einen radikalen Neubeginn, der dann von den großen Protagonisten der klassischen Moderne wohlweislich erst gar nicht genutzt wurde. Das Projekt der Moderne war von ihren Urhebern selbst aufgeben worden, die große internationale Bewegung in Einzelschicksale und individuelle Entwicklungen zersplittert und nennenswerte Versuche, die Idee wiederzubeleben, gab es nicht.

Übriggeblieben waren nur erprobte Formen, die sich in einem gestalterischen, technischen, ökonomischen oder auch kommerziellen Sinne als zweckdienlich erwiesen hatten. Aber die ehemaligen ideologischen Ansprüche wurden nicht mehr aufrechterhalten und damit verschwanden auch die ‚ideologischen' Formen. Durch diese Art von Stilverlust oder Stil-Befreiung erschien die Formensprache der frühen Nachkriegszeit im Rahmen der ökonomischen Möglichkeiten experimenteller, facettenreicher und heterogener als vor dem Krieg und ließ der Kundschaft größere Wahl- und Mitbestimmungsmöglichkeiten.

Die Wiederbelebung des Dogmenstreits zwischen konservativ/volkstümlichem und modernem Kunstverständnis durch die Kulturpolitik der DDR veränderte die Kulturwahrnehmung im Westen erheblich. Es kam zu einer Politisierung der Ästhetik und einer politischen Sicht auf die Kunstgeschichte des 20. Jahrhunderts, die neu war und nichts mit dem Kunststreit der Vorkriegszeit zu tun hatte. In den 20er/30er Jahren gab es keine parteipolitische Stilbewegung, keine innige Verbindung zwischen politischen und künstlerischen Argumenten, die Stile hatten jeweils eigene Gesellschaftsbilder, die mit den Vorstellungen der politischen Parteien nicht oder nur zufällig übereinstimmten. Diktatoren wie Stalin und Hitler waren solche politischen Eigenmächtigkeiten der Kunst ein Dorn im Auge, weshalb man im Dritten Reich zum Beispiel keinen berühmten Stil-Vertreter in Machtpositionen aufsteigen ließ, auch diejenigen nicht, die als Propagandisten der Blut-und-Boden-Kunst dem Nationalsozialismus ideologisch nahestanden. Stattdessen verließ man sich auf Mitläufer und Karrieristen, die sich aufgrund mangelnder Talente keine eigene künstlerische Position erlauben konnte und sich daher willig und gefügig zeigten.

Durch die erneute Vertreibung der Moderne in der DDR der 50er Jahre wurden aus Geschmacksfragen wieder politische

Fragen, und zwar partei- und staatspolitische. Die Moderne, auch die klassische, erhielt im Westen den Status einer demokratischen, freiheitlichen und humanen Formensprache, während alle traditionellen und konventionellen Kulturerscheinungen mit einer diktatorischen, reaktionären Politik in Verbindung gebracht wurden. Entgegen den kulturellen Mehrheitsverhältnissen sahen sich die westlichen Staaten dazu gezwungen, mit öffentlichen Mitteln die Moderne wiederzubeleben und in den Rang einer aktuell bedeutenden Stilbewegung zu erheben sowie einer konservativen Kunst die Unterstützung und das Prestige zu entziehen.

Die Konservativen wehrten sich gegen diese Ungerechtigkeiten, denn einerseits entsprach die Verbindung zwischen Kulturkonventionen und politischer Reaktion nicht den historischen Tatsachen und andererseits verlangte die beginnende Wohlstandsgesellschaft, die Mehrheit der westlichen Bevölkerung, nur nach Gemütlichkeit, Geborgenheit und anständigem Benehmen, aber nicht nach imperialem Auftreten und Herrschaftskultur. Die Kulturpolitik der DDR und ihre ungewollte Formpolitisierung beendet die westdeutsche Harmlosigkeit und Betulichkeit.

So hatte die DDR eine weltweite Desavouierung der traditionellen Kultur ausgelöst, die Moderne international wieder stark gemacht, dem Westen eine neue Formverständigung, eine neue Kulturtradition ermöglicht und damit einen Gegner gezüchtet, der auch in der DDR wieder aktiv wurde.

Die Künstlerschaft der DDR mußte ihre Arbeitsbedingungen mit den Funktionären aushandeln und zwecks Verbesserung auf eine Revision der antimodernen Kulturpolitik dringen. Die Funktionäre ließen sich auf diese Auseinandersetzungen nur dann ein, wenn die weltanschauliche Übereinstimmung, die Übereinstimmung mit Staat und Partei, außer Frage stand. Die einmal festgesetzten und nie wirklich revidierten Kulturinhalte gerieten somit aus der Diskussion, wurden belanglos und wertlos, während die Formen, insbesondere die Abweichungen vom antimodernen Repertoire, immer größere Bedeutungen, auch politische Bedeutungen erhielten. Machtbehauptung und -bewahrung fiel zusammen mit Formbewahrung, mit der Ritualisierung von Formen, die dadurch natürlich in eine inhaltsleere Selbstzweckhaftigkeit abglitten. Jede davon abweichende Inszenierung des jedoch im Prinzip gleichen Inhalts erschien schon als profunde Gesellschafts- und Staatskritik, wurde als Zeugnis einer neuen Liberalisierung oder Vorbote einer grundsätzlichen Verfassungsänderung gewertet. Formdebatten ersetzten und kompensierten die politischen Debatten, die zudem untersagt waren, so daß die von der DDR-Politik angestrebte Formalismus-Vermeidung schließlich in einen neuen Formalismus mündete.

Dieser Glaube an die Macht, an die Wirkungskraft von Formen, an die Bedeutung von Artikulationen, auch dann wenn sie von Inhalten und von gesellschaftlichen Zusammenhängen losgelöst sind, stellt die Eigentümlichkeit der DDR-Kultur dar und macht sie von der zeitgleichen atlantischen Kunst unterscheidbar. In der DDR kamen nie Zweifel an der Aktualität und Notwendigkeit der herkömmlichen künstlerischen Medien auf, nie Zweifel an der Wirksamkeit von Formen, mit denen sich die atlantischen Künstler aber ständig auseinanderzusetzen hatten. Innerhalb der DDR war der herkömmliche Kunstbetrieb als Hauptkulturlieferant völlig konkurrenzlos und dem Marktgeschehen nicht ausgeliefert.

Die Niederschlagung des Arbeiteraufstands gegen die Regierung der DDR von 1953, der 1956 erfolgte Einmarsch sowjetischer Truppen in Ungarn, die unablässige Terrorisierung der Bevölkerung durch wirtschaftliche Mißerfolge und staatliche

Gewalt sowie das ständig zunehmende Reichtumsgefälle zwischen Ost und West beschleunigte die Abwanderung der Bevölkerung in den Westen. Kurz vor dem völligen gesellschaftlichen Kollaps, 1961, wurde der seit dem Ende des Kriegs nicht abgerissene Flüchtlingsstrom durch den Bau der Mauer gestoppt. Auch dabei handelte es sich um einen DDR-typischen Formalismus, denn die inhaltliche Auseinandersetzung um das politische Problem, das zu dieser letztlich zwecklosen, unbeholfenen und dilettantischen Maßnahme geführt hatte, wurde durch eine große Bauform ersetzt, erstickt und tabuisiert.

Aus westlicher Sicht hatte sich die DDR mit dieser politischen Verzweiflungstat als Nation auch in kultureller Hinsicht selbst zum Verschwinden gebracht. Bei der älteren Generation erweckte diese Selbsteinschließung hauptsächlich Mitleid. Die Besorgnis der westlichen Bevölkerung vor einer politischen Unterwanderung oder gar Gewalttaten des Ostens schwand durch dieses Eingeständnis der völligen Unfähigkeit allmählich dahin und die Entspannungspolitik wurde mehrheitsfähig. Mit einiger Verzögerung bedeutete der Mauerbau daher auch das Ende der konservativen Regierung in Bonn, die die wirtschaftliche Überlegenheit des Westens als Argument für eine Auflösung des sozialistischen Staatsgebildes unter sowjetischer Herrschaft benutzte und meinte, keine Kompromisse eingehen zu müssen, weil sich das Problem durch einen nahen wirtschaftlichen Zusammenbruch der DDR von selbst erledigen würde. Die soziallliberale Entspannungspolitik der 70er Jahre war in erster Linie nur eine Formveränderung bei gleicher inhaltlicher Absicht, war ebenfalls eine Geste der Überlegenheit, aber eine höfliche und diskrete, die vor allem auf Unterlegenheitsbeweise verzichten konnte. Das heißt, eine echte inhaltliche und politische Auseinandersetzung mit der DDR, ein ernsthafter Systemvergleich wurde unterlassen, um die SED-Regierung nicht in Schwierigkeiten zu bringen, dafür aber Handelsbeziehungen und humanitäre Erleichterungen zu erwirken.

Parallel dazu erfolgte ein großer kultureller Umbruch im Westen, die sogenannte 68er Bewegung. Die erste Nachkriegsgeneration drang damals mit Kultur- und Lebensvorstellungen in die Öffentlichkeit, die sich nach ihrer Herkunft und Zusammensetzung so grundlegend von denen der älteren Generation unterschieden, daß es zu einer gesellschaftlichen Zerreißprobe kam. Eine mögliche wirtschaftliche und politische Zerstörung der Gesellschaftsform konnte dann nur noch durch den raschen Abbau und die Preisgabe der letzten konservativen Kulturautoritäten abgewendet werden. Der Reformdruck entlud sich in einer umfassenden kulturellen Liberalisierung, in einer großen, schwärmerischen Jugendlichkeit, die den Alltag der Bundesrepublik grundsätzlich veränderte. Das bedeutete zugleich eine Amerikanisierung, weil insbesondere das Emanzipationsverlangen aus den USA herrührte und dort seine anschaulichen Vorbilder hatte. Mit diesem vollständigen Eintritt der BRD in den atlantischen Raum geriet der gesamte historische Kulturballast, der seit dem 19. Jahrhundert auf der Suche nach einer kulturellen Identität, nach einer Nationalkultur aufgehäuft worden war, auf die Kulturmülldeponie, darunter auch die Idee der Wiedervereinigung. Für die in der Nachkriegszeit geborenen Westdeutschen hatte dieses Projekt keinerlei Berechtigung und keinerlei Attraktivität — die DDR galt bei ihnen als ein souveräner, aber irgendwie dubioser Staat, den man tunlichst nicht bereiste, weil es offensichtlich dort von Ordnungshütern wimmelte, und, da Ordnung zu den Hauptfeindbegriffen zählte, eine eingehendere Erkundung dieses Territoriums nicht lohnte. Daß die DDR gerade bei einer jungen Generation so tief gesunken und zu einer Skurrilität verkommen war, hatte sie sich selbst zuzuschreiben.

22. *Harald Metzkes, Mädchen am See, 1974, Kunstsammlungen Weimar*

Die meisten jungen Westdeutschen ignorierten daher auch alle internen kulturellen Entwicklungen und identifizierte die Kunst der DDR weiterhin mit den offiziellen, propagandistischen Fassaden, den gigantischen Grenzanlagen und einigen unattraktiven, belanglosen Schnipseln des Alltags, die vereinzelt in den Massenmedien wiedergegeben wurden. Die beiden deutschen Staaten hatten sich also spätestens in den 70er Jahren kulturell völlig entfremdet, jedenfalls aus westdeutscher Sicht.

In der DDR sah die Sache allerdings anders, ja gegenteilig aus. Der Einfluß des Westens auf die alltägliche, aber auch akademische Kultur war trotz oder gerade wegen der ständigen politischen Warnungen vor dem Klassenfeind ungebrochen mächtig. Hauptsächlich dienten die Programme des westdeutschen Fernsehens, so wie man sie in der DDR empfangen konnte, als überwiegend heißbegehrte Quelle von Informationen und Anregungen. Dazu kamen andere Massenmedien, die in vereinzelten Exemplaren den Weg in den Osten fanden und schließlich auch Geschenksendungen und Westwaren, nachdem sich ein spärlicher Handelsverkehr zwischen den beiden deutschen Staaten entwickelt hatte. Viele Jugendliche der DDR versuchten, die kulturellen Entwicklungen des Westens zu übernehmen und auszuleben, weil sie sich in den immer gleichen Ritualen einer für sie bestimmten Erziehungs- und Läuterungskultur nicht mehr wiederfinden konnten. So kam es auch in der DDR zu einer Desintegration der jüngeren Generationen, die sich allerdings nicht wie im Westen in einer offenen Revolte entlud, sondern sich als ein allmähliches Auseinanderdriften privater und öffentlicher Kultursphären ausdrückte. Große Investitionen des Staates in Festspiele und Massenveranstaltungen aller Art sollten überdecken, daß das Land in ideologischer Hinsicht längst unregierbar geworden war. Die Devisen kamen aus dem Westen, die alten Botschaften der SED-Regierung an das Volk wurden nicht mehr erhört.

Dies war für die wirtschaftliche Existenz der DDR katastrophal. Das Wirtschaftsleben basierte nämlich vor allem auf dem politischen Enthusiasmus der Arbeiter und Angestellten, weil die Bezahlung nicht stimmte und die Konsummöglichkeiten in keinem Verhältnis zu dem geleisteten Arbeitsaufwand standen. Daraus resultierte eine Art permanenter ‚Bummelstreik', eine Umschichtung der Energien aus der öffentlichen in die private Sphäre, die Entstehung und Ausbreitung von Schwarz- und Tauschmärkten, Märkten, auf denen nur ausländische Valuta zirkulierten. Alle diese Erscheinungen konnten durch staatliche Gewaltmaßnahmen nicht mehr zum Verschwinden gebracht werden, so daß dem Staat nichts anderes blieb, als mit Zuckerbroten hinter der Bevölkerung herzulaufen und sie zur Umkehr zu motivieren.

Die Staatsführung wurde also abzüglich des immer einsatzbereiten Gewaltpotentials sowohl im Inland wie im Ausland nicht ernst genommen, was sich in ihrem zunehmend eingeschränkten Handlungsspielraum bemerkbar machte. Der Zugang zu den attraktiven nicht-sozialistischen Märkten wurde immer beschwerlicher, weil die staatliche Produktion nur bedingt international Vermarktbares anbieten konnte. Vor diesem Problem standen alle sozialistischen Länder, die im Laufe der 70er Jahre durch eine verstärkte wirtschaftliche Zusammenarbeit im Westen versuchten, die schleichende Verarmung ihrer Bevölkerung aufzuhalten. Bei den dazu notwendigen Wirtschaftsabkommen und Kreditverhandlungen mußte die DDR, die im Westen nicht als souveräner Staat anerkannt war, strikt darauf achten, ihr Selbstbestimmungsrecht zu wahren.

Im Zuge dieser Entwicklung änderte sich auch die Auftragslage für die Kunstproduktion in der DDR. Es ging nicht mehr nur um die Legitimation des Sozialismus, sondern auch um die kulturelle Repräsentanz der DDR als souveräner Staat. Im Gegenzug, quasi als Teil der Bezahlung, wurden die Zensurbestimmungen für die Künstler allmählich gelockert, was auch eine Modernisierung in den Ausdrucksformen der staatlichen Kunst zur Folge hatte.

Wissenschaftler und Ideologen erhielten Anfang der 70er Jahre den Auftrag, eine Verbindung zwischen der deutschen Arbeiterbewegung und anderen gesellschaftlichen Emanzipationsbestrebungen und der frühen bis klassischen Moderne herzustellen, um damit deren Ausdrucksformen nachträglich mit der Staatsdoktrin vereinbar zu machen. Eine daran angelehnte, aber nicht ideologisch gemeinte Form hatte längst aus rein herstellungstechnischen Gründen Einzug gehalten bei großseriell hergestellten Gebrauchgütern und beim Massenwohnungsbau. Nicht nur diese Phänomene, sondern auch eine Ende der 70er Jahre stärker in Erscheinung tretende abstrakte Malerei konnte mit diesen zentral erstellten Begründungsmustern auf Linie gebracht werden.

Ein zweiter Themenkreis widmete sich der Zeit der Aufklärung, der französischen Revolution, der beginnenden politischen und kulturellen Emanzipation des Bürgertums und wählte zu diesem Zweck Friedrich II. von Preußen zur historischen Leitfigur. Der Leipziger Maler Bernhard Heisig zählt zu den Prominentesten, die sich dieser Geschichte künstlerisch annahmen. Eine dritte Aufarbeitung betraf die beginnende Neuzeit, die Zeit der Bauernkriege, für die neben Künstlern wie Dürer und Cranach insbesondere die Theologen Luther und Müntzer als Zeugen aufgerufen wurden. Anders als Heisig hatte sich der Leipziger Professor Werner Tübke auch stilistisch dieser Epoche verschrieben.

Das ideologische Ziel dieser Bemühungen stand vorab fest, die DDR verschaffte sich eine politische und kulturelle Nationalgeschichte, sie sollte als Nachfolgerin und als Vollendung einer langen Reihe von Emanzipationsbewegungen auf deutschem Boden erscheinen, als die legitime Verwalterin der positiven Erbschaft aus der deutschen Geschichte. Im Zuge der Auftragserfüllung wagte sich die Kunstproduktion stilistisch in alle Bereiche vor, die von der Vorkriegsmoderne schon eröffnet worden waren, beschränkte sich aber mit wenigen Ausnahmen auf deutsche Vorbilder und wählte scheinbar bedeutungsschwere und handwerkliche Ausdrucksformen. Dieser Historisierung und Eindeutschung der Moderne fehlte jeder experimentelle und internationale Charakter, und sie entsprach auch wegen ihrer mangelnden Intimität, ihrem Zu-

23. Werner Tübke, Tod in Venedig, 1973, Kunstsammlungen Weimar

schnitt auf ein größeres Publikum und ihrer künstlichen Patina dem Staatsauftrag.

Als diese Kunst ab Mitte der 70er Jahre regelmäßig und zunehmend in der Bundesrepublik ausgestellt wurde, erschien sie dort schon exotisch, völlig unabhängig von den atlantischen Entwicklungen und daher auch anfällig für allerlei Mißverständnisse. Vorschub leisteten dabei die thematischen und inhaltlichen Unkonkretheiten und Ungenauigkeiten. Die großen propagandistischen Aussagen waren weitgehend ersetzt worden durch Anekdoten, die mit dem darstellerischen Aufwand meist nicht übereinstimmten und daher mehr hintergründige Sinnschichten vermuten ließen, als eine leicht verständliche Bewahrheitung der Ideologie in individuellen Schicksalen. So kam es zu Überinterpretationen, wenn etwa depressive Motive nicht als Aufforderung zur individuellen Läuterung, sondern als gut versteckte Staatskritik gewertet wurden, zumal diese Motive in einer Formensprache erschienen, die nach westlichem Wissen von der DDR-Kulturpolitik als formalistisch gelten mußte. Die nur intern und mit diplomatischer Zurückhaltung durchgeführte Revision des Moderne-Verbots blieb in der Bundesrepublik lange unbekannt.

Daß die Staatsführung diese künstlerische Entwicklung förderte und nicht zähneknirschend hinnahm, konnte man im Westen auch deswegen nicht wissen, weil die DDR zu dieser Zeit ganz andere Signale aussandte. Gemeint ist die Ausbürgerung Wolf Biermanns während seiner Konzertreise in die Bundesrepublik 1976 — in jeder Hinsicht, außen- wie innenpolitisch, eine gewaltige Katastrophe für die DDR. Vor allem weil die westdeutsche Bevölkerung durch diesen Vorfall an der politischen Praxis der DDR direkt teilhaben durfte und dabei ein außergewöhnliches, tragisch-groteskes Schauspiel erlebte, das sich nachhaltig einprägte. Die Kritik an der DDR hatte Biermann für westliche Ohren durchaus sparsam und immer solidarisch ausfallen lassen, zusätzlich relativiert durch fundamentale Angriffe auf das kapitalistische System. Aus Ostberlin kam dann sofort der Beleg, daß er noch untertrieben hatte. Einem westdeutschen Millionenpublikum, das die Ausbürgerung und damit ein bis dahin weitgehend unbekanntes Stück politischer Praxis an den Bildschirmen mitverfolgen konnte, wurde klar, daß diese Selbstbezichtigung und Selbstdenunziation des Regimes unfreiwillig geschah, auf eklatanten strategischen und taktischen Unfähigkeiten basierte, womit sich die DDR schließlich selbst zu einer kulturellen Bananenrepublik degradierte.

Dadurch war es den Kulturschaffenden der DDR nicht mehr möglich, sich bei nachfolgendem Auslandsaufenthalt als systemkonform auszugeben, weil sie dadurch auf eine Stufe mit

24. Wolfgang Mattheuer, Erstes Grün, 1974, Kunstsammlungen Weimar

25. Wolfgang Mattheuer, Weihnachtsstilleben, 1976, Kunstsammlungen Weimar

den Staatstrotteln geraten wären. So bekam das westdeutsche Publikum fürderhin neben den Ausgewanderten nur noch Intellektuelle zu Gesicht und Gehör, die scheinbar eine große innere kritische Distanz zu ihrem Herkunftsland hatten, aber aus irgendwelchen Gründen nicht davon loskommen konnten. Das heißt, alle kulturellen Erzeugnisse, die aus der DDR in den Westen kamen, waren vom Nimbus der Systemkritik umgeben.

Innerhalb der DDR sah die Sache ganz anders aus. Eine dem offiziellen Geschmack und Stil nicht entsprechende Kunst hatte es in Form einer individuellen künstlerischen Praxis seit dem Beginn der DDR immer gegeben, und sie verfügte über einen kleinen privaten Kreis von Anhängern und Sammlern. Da sie nicht durch Staatsaufträge und andere staatliche Alimentierungen begünstigt wurde, ihre Autoren also nicht ernährte, konnte sie nur zufällig und sporadisch entstehen und veröffentlicht werden. Es gab zwei wesentliche Kennzeichen; sie nahm sich selbst ernst als Kunst, hatte also keinen Hobbycharakter, und betonte daher zweitens eine radikale Individualität, die auch ihrem Eremiten-Dasein entsprach. Daher verstieß sie gegen zwei staatliche Förderbestimmungen; ihr fehlte das notwendige parteiliche Engagement für den Sozialismus und zweitens war sie im bürgerlichen Sinne formalistisch, da sie nicht in einfachen Worten zum großen Publikum reden wollte. Dennoch brauchten diese Künstler keine Sanktionen zu fürchten, solange sie sich einer Kritik an der Politik enthielten. Der Zusammenfall von radikaler Individualität und Politikverzicht stellte eine Art unausgesprochenes Duldungsabkommen zwischen dem Staat und dieser künstlerischen Betätigung dar. Nur wer, wie Biermann, dagegen verstieß und Roß und Reiter benannte, provozierte staatliche Machtdemonstrationen.

Die im Zusammenhang mit der Entspannungspolitik stehende Liberalisierung der 70er Jahre bezog sich also nur auf die

Form, inhaltliche Abweichungen blieben auch weiterhin verboten. Bei Beachtung dieses Tabus kam es zur Bildung kleinerer und größerer Künstlergemeinschaften, die als Kommunikationszentren für eine unabhängige Kunstproduktion fungierten. Es handelte sich dabei um kleine Galerien und Ausstellungssalons, die oft an entlegenen Orten und in Privatwohnungen oder -ateliers eingerichtet wurden. Durch Flüsterpropaganda und eine große Attraktivität gerade für junge Künstler, entwikkelten sich diese Salons schnell zu beliebten Treffpunkten, die im Laufe der Zeit immer mehr künstlerische Energien anzogen, die in gemeinsame künstlerische Aktionen und die Bildung neuer Treffpunkte einmündeten.

Die Staatsorgane verhielten sich meist skeptisch gegenüber dieser Szene- und Jugendkultur, die aber nur wenig Angriffsflächen bot, indem sie sich apolitisch verhielt, aber durch Konventionsbrechungen auf formaler Ebene, nicht nur im künstlerischen Sinne, sondern auch Kleidung und Lebensstil betreffend, einen gewissen Provokationswillen demonstrierte und damit das staatliche Beobachtungsinteresse wachhielt. Wenn den Behörden das Treiben zu bunt, zu spießerfeindlich wurde, hoben sie die Galerien meist wegen illegaler kommerzieller Tätigkeit aus und verschafften damit dem in der Nachbarwohnung eingerichteten neuen Treffpunkt sogleich eine noch größere Publizität. Um die ständige Ausweitung dieser inoffiziellen, verdächtigen Kommunikationsstrukturen zu verhindern und unter Kontrolle zu bringen, wurden immer mehr Spitzel zu ständig steigenden Löhnen angeheuert, was die Bespitzelten allerdings genau wußten. Die ausgelöste Informationsflut stand in keinem Verhältnis zu der Verwertung, weil sowieso alles offenlag und weil die Szene weder die Kraft noch das Interesse hatte, den real existierenden Sozialismus zu vernichten.

So spielten Staat und Szene miteinander Verstecken, Nachlaufen, Fangen, Verraten, Lügen und dergleichen, wobei der Staat aufgrund der von ihm selbst erfundenen Spielregeln immer der ‚dumme August' und der ‚Plumpsack' blieb, der nicht nur seine Mitspieler, sondern auch die Spielgegner bezahlte, alle Spielzüge akribisch notierte, in Aktenberge verwandelte und dennoch ständig den Überblick verlor. Wenn der Staat nicht gestorben wäre, würden sie sicherlich auch heute noch miteinander spielen.

Daraus entwickelte sich in den 80er Jahren eine Koexistenz verschiedener künstlerischer Ausdrucksformen. Eine dem 19. Jahrhundert verhaftete, staatskonforme und propagandistische Produktion existierte immer noch neben einer ebenfalls staatsnahen akademischen Neomoderne; die Kunst der ernsthaft Introvertierten hatte eine durchaus geduldete Publizität und gewisse offizielle Anerkennung erlangt und vermischte sich am Rande mit einer jugendlichen, aktivistischen Spielkultur, die einen provisorischen, wenig elaborierten und wenig handwerklichen, aber sarkastischen Charakter trug. Es handelte sich schon deswegen um eine friedliche Koexistenz, weil viele Künstler zwecks Verbesserung ihrer Aufstiegschancen und Einkommensverhältnisse in mehreren Szenen gleichzeitig arbeiteten.

Nur wenige der betont unabhängigen, meist jugendlichen Künstler richteten mit ihren Arbeiten Angriffe gegen den etablierten Kulturbetrieb der DDR und versuchten so, ihre Kollegen als staatskonforme Karrieristen und Staatsdekorateure zu diffamieren, denen es nur um Geld und Privilegien ging, aber nicht um den Sozialismus. Gab es unter diesen Unbotmäßigen erfolgversprechende Talente, versorgte man sie gerne mit Aufträgen, verschaffte ihnen Zugang zu Geld und Privilegien. Die anderen konnte man sich leisten zu ignorieren und gen Westen ziehen zu lassen.

Ein weiterer Grund für das Ausbleiben eines Kunststreits lag darin, daß alle Richtungen und Bewegungen in gleicher Weise irreal und unpopulär waren; die einen produzierten für die Funktionäre, die nicht das Volk, sondern nur die Machtelite vertraten, die anderen für einen kleinen Kreis von Gesinnungsgenossen, die den Zugang zum Volk erst gar nicht suchten, weil sie sonst mit dem ‚dummen August' in Konflikt geraten wären. Da alles auf der formalen Ebene abgehandelt wurde, gab es auch keine wirklichen Botschaften, bestenfalls von der ideologischen Linie abweichende Andeutungen, die in großer intellektueller Selbstgefälligkeit schwer entzifferbar gemacht wurden, um den dummen August auf unsicheres Terrain zu locken, der dann feststellen mußte, daß auch die mühsame Dechiffrierung keinen weiteren Erkenntnisgewinn erbrachte.

Einen wesentlichen Anteil an der zunehmenden Irrealisierung des DDR-Kulturbetriebs hatte die Bundesrepublik, genauer gesagt, die in den 80er Jahren im großen Stil einsetzende Kommerzialisierung der DDR-Kunst auf dem Westmarkt. Beide deutsche Staaten förderten diesen ebenso surrealen, wie schwunghaften Kunsthandel aus unterschiedlichen Gründen.

Den westlichen Regierungen war dieser kulturelle Austausch deswegen willkommen und förderwürdig, weil er die Entspannungsbemühungen, das Vorankommen der politischen Verhandlungen belegte und einem interessierten Publikum anschaulich werden ließ. Die gute Resonanz, die vor allem die Literatur und bildende Kunst der DDR im Westen hatte, basierte wesentlich auf politischer Korrektheit, die sich besonders von einer kritischen Distanz der Künstlerschaft zum eigenen System angesprochen fühlte. Da diese als Gestus, als Haltung eigentlich immer vorgetragen wurde, gehörte sie schließlich zum Erfolg dazu. Es kam daher nicht selten vor, daß selbst die Parteimitglieder und öffentlichen Funktionsträger unter den

Künstlern nach westlichem Verständnis zu Regimekritikern aufstiegen, nur weil sie einen expressiven Malstil vortrugen oder depressive Liebesgeschichten erzählten und daher nicht mit dem Bild vom sozialistischen Realismus übereinstimmten. Zur Ehrenrettung der Künstler muß erwähnt werden, daß einige Künstler und Literaten sich gegen diese Art von Fehl- und Überinterpretation wehrten, doch wurden sie meist überhört oder man vermutete, daß sie sich damit nur gegen drohende Ausbürgerung und andere Übergriffe des Staates schützen wollten.

Darüber hinaus bildete die DDR-Kunst einen für ihre vielen Freunde im Westen angenehmen Gegensatz zur landeseigenen Produktion. Sie war ihrem konservativen Selbstverständnis nach Kunst, ihre gesellschaftliche Rolle problematisierte sie nicht, stellte sich als Kunst nicht selbst in Frage, hatte daher auch einen altertümlichen narrativen Charakter und drückte sich mit vornehmlich handwerklichen Mitteln aus. Es entwickelte sich im Westen sogar ein Art Snobismus, diese, der Westkunst schon lange verlorengegangenen Qualitäten auch dann zu loben und zu werten, wenn es sich um linientreue, kapitalismusfeindliche Werke handelte. Es ging nämlich von der DDR und ihrer Kunst keinerlei Gefahr für das westliche System mehr aus, die Bilder dekorierten nur noch den nahen Untergang.

Es hatte seine politischen und wirtschaftlichen Gründe, daß die DDR ihre Künstler, vor allem ihre Erzeugnisse nach Westen ziehen und dort eine scheinbar systemkritische Rolle spielen ließ. Die politischen Absichten ergaben sich aus den wirtschaftlichen Schwierigkeiten, die durch den permanenten, unorganisierten Bummelstreik hervorgerufen waren, mit dem die werktätige Bevölkerung ihre Kritik an der völlig unfähigen Regierung zum Ausdruck brachte. Die Sowjetunion stand mit einem großen militärischen Potential für eine gewaltsame Machterhaltung zwar noch zur Verfügung, konnte aber die wirtschaftlichen Probleme nicht mehr lösen helfen — im Gegenteil. So nutzte die Regierung der DDR die Kredite, die der Westen im Zuge der Entspannungspolitik angeboten hatte, um die in den 80er Jahren immer größer werdenden Versorgungsmängel zu decken und damit die Zustimmung der Bevölkerung zu erkaufen. Die Herstellung und Bewahrung der sozialen Ruhe wurde zur wichtigsten Aufgabe der Regierung, denn davon hing die Seriosität und die Kreditwürdigkeit der DDR ab. Eine sich ausbreitende Skepsis bei westlichen Banken bezüglich der Zahlungsfähigkeit wäre für die Wirtschaft der DDR schon zu Beginn der 80er Jahre tödlich gewesen und hätte für polnische oder gar rumänische Verhältnisse gesorgt.

Einen Eklat, wie ihn die Biermann-Ausweisung hervorgerufen hatte, konnte sich die DDR im letzten Jahrzehnt ihrer Existenz also nicht mehr leisten. Stattdessen hofierte sie gerade diejenigen Künstler, die westlich der Mauer im Ruf standen, systemkritisch zu sein, denn bessere Kronzeugen für ein harmonisches soziales Klima in der DDR konnte es nicht geben. Sie sorgten bei den vielen öffentlichen Kulturgesprächen für ein entspanntes Klima, berichteten mit Seitenhieben gegen eine übereifrige Propaganda von dennoch vorhandenen, aber normalen Problemen und erweckten den Eindruck einer baldigen oder möglichen Lösung.

Solche Auftritte waren nicht nur für den Staat, sondern auch für die Künstler lukrativ, denn sie und ihre Gemeinden konnten sehr gut von dem reichen Devisenfluß profitieren. Sie verfügten über Westgeld, damit über Westwaren und erhielten zudem etliche Privilegien, Reisegenehmigungen ins westliche Ausland gehörten zu den begehrtesten. Die Machtelite der DDR ver-

26. Bernhard Heisig, Umarmende Puppen, 1986, Kunstsammlungen Weimar

hielt sich in den letzten Jahren kulturell wie ein Feudalherrscher, sie kaufte nicht die Kunst, sondern gleich die Künstler, nicht nur diejenigen, die den Potentaten verherrlichten, sondern auch die vermeintlichen Feinde, die mit Geld, in diesem Fall geliehenem, zu Dienern oder Hofnarren gemacht wurden.

Als Mitgliedern des Hofstaates entging den Künstlern natürlich leicht, daß sich die Verhältnisse für das einfache Volk, für die Arbeiter und Bauern, die dem Namen nach in diesem Staat die Diktatur ausübten, laufend verschlechterten. Zins und Tilgung der scheinbar so lukrativen Westkredite fraßen die Erträge der Volkswirtschaft allmählich auf, die Schlangen vor den Versorgungsstützpunkten wurden immer länger, die Werktätigen produzierten immer mehr Waren, die sie selbst nicht kaufen konnten. Die DDR war zum Billiglohn-Land verkommen, die Regierung hatte ihre Arbeiter zu frühkapitalistischen Bedingungen an Westfirmen verkauft und durch die schleichende

Entwertung der Landeswährung deren Ersparnisse und spärliche Renten vernichtet. Der endgültige wirtschaftliche Kollaps wurde durch neue Kredite, neue Wirtschaftskooperationen immer wieder verzögert, aber die allmähliche Verelendung und die zunehmenden Alltagsprobleme erzeugten doch eine depressive Stimmung und ein gereiztes soziales Klima. Darüber machten die Hofkünstler der DDR in den 80er Jahren keine Mitteilung, sie waren weiterhin mit der Findung der richtigen und guten Form beschäftigt. Außerdem werden einige aufgrund ihrer hervorragenden Versorgung in Ost und West die Verelendung der DDR gar nicht mitbekommen haben und auch nicht mitbekommen haben, daß viele Kunstfreunde verärgert waren, daß die besten Kulturerzeugungen gemeinsam mit dringend benötigten Gebrauchsgütern in den Westen exportiert und der Bevölkerung damit entzogen wurden.

Im Westen kam der wirtschaftliche und politische Zusammenbruch für einen eingeweihten Kreis von Fachleuten nicht überraschend. Doch lag auch kein Interesse bei den Eingeweihten vor, diese Entwicklung, die ja auch unmöglich exakt prognostiziert werden konnte, in der breiten Öffentlichkeit zu diskutieren. Man wollte offensichtlich die DDR-Regierung nicht unter Druck setzen, um drohende Gewalttaten des Staates gegen die protestierende und aus dem Land flüchtende Bevölkerung zu verhindern.

So wurde auch die Bevölkerung im Westen über den Stand der Dinge im Osten nicht aufgeklärt. Im Gegenteil, aus der DDR drangen in den 80er Jahren immer mehr Kulturerscheinungen meist über die Massenmedien in die Öffentlichkeit, die immer weniger mit dem offiziellen, sozialistisch-realistischen Erscheinungsbild übereinstimmten, das sich anläßlich des 40. Geburtstags der DDR ein letztes Mal in voller Pracht entfaltete. Da man anderes nicht wußte, wertete man diese zunehmende Liberalisierung der Form bei zunehmender Harmlosigkeit der Inhalte als Beweis dafür, daß sich die Lebensverhältnisse auch aufgrund der engeren wirtschaftlichen Zusammenarbeit mit dem Westen in der DDR allgemein entspannt und verbessert hatten. Daß dieses Formspektakel neben der Devisenschieberei nur dazu diente, Armut und Unzufriedenheit zu verschleiern, konnten also im Westen nur wenige ahnen. Erst als Gorbatschow seinen entscheidenden weisen Spruch vom Zuspätkommen sagte und die Regierung der DDR ihrem Schicksal überließ, entstand ein Bewußtsein vom Ausmaß der Schwierigkeiten.

Die Kunstproduktion der DDR hatte sich hinsichtlich ihrer intellektuellen Kompetenz, ihrer Fähigkeit zur Vorausschau und zur Utopie als unzuverlässig erwiesen und verlor mit der Wende von 1989 daher ihre Bedeutung. Die Beschränkung des künstlerischen Interesses auf den Staat und seine Kulturpolitik wurde sowohl der affirmativen wie der oppositionellen Produktion zum Verhängnis. Wegen der Ignoranz und Respektlosigkeit gegenüber den alltäglichen, mehrheitlichen Problemen gab es nach der Wende keine treugebliebene Anhängerschaft und keine Notwendigkeit, dieser Kunst unter den neuen Verhältnissen wieder zum Erfolg zu verhelfen.

Anders als die Kunst des Dritten Reichs und alle anderen antimodernen Strömungen des 20. Jahrhunderts war die Kunst der DDR nicht populär, gegen Ende des Staates auch nicht mehr populistisch. Dennoch gehört sie in diesen Kreis und zwar aufgrund ihrer konservativen Produktionsbedingungen, die sie ganz im Sinne eines herkömmlichen Kunstverständnisses vom Markt und vom allgemeinen Publikum unabhängig machte. So konnte sie, abgesehen von den im Laufe der Zeit nachlassenden staatlichen Eingriffen, ihre Regeln, ihre Inhalte und Qualitätskriterien selbst festlegen, ohne sie der Gegenwart, den gesellschaftlichen Entwicklungen und tagespolitischen Ereignissen ausliefern zu müssen. Es handelt sich also um eine besonders autistische und formalistische Version der Antimoderne.

❧

HEIMAT

Die konservativen Kulturströmungen weisen bei eingehender Betrachtung Unterschiede auf, die sich fortlaufend vergrößern, je intensiver sich die Untersuchung den einzelnen Werken widmet. In diesem Kommentar geht es aber um die Einordnung der Antimoderne in die Kunstgeschichte des 20. Jahrhunderts, um den Einfluß dieser Kunst auf das allgemeine Kulturverständnis. Zu diesem Zweck bieten sich drei repräsentative Themenkreise an, die auch von durchgehender politischer, kommerzieller und populärer Bedeutung waren – die Heimat, die Arbeit und die Geschichte. Wegen dieses hohen gesellschaftlichen Stellenwerts standen diese drei Motive bei der kommerziellen Kulturindustrie im Zentrum des produktiven Interesses. Schließlich spielten die Themen der Heimat, der Arbeit und der Geschichte eine große Rolle für die Positionsbestimmung der Moderne und für die Entwicklung ihres künstlerischen Selbstverständnisses.

Das wichtigste, langlebigste und umstrittenste Motiv war sicherlich die Heimat, das durch die Wiedervereinigung und die zugleich voranschreitende Globalisierung erneut an Aktualität gewonnen hat.

Malerei

Wir beginnen mit der Malerei, genauer gesagt mit dem Einfluß des französischen Realismus auf die deutsche Kunstentwicklung.

Der in diesem Zusammenhang wichtigste Vertreter der französischen Malerei war Gustave Courbet, der ab den 1850er Jahren durch seine Ausstellungsbeiträge große strittige Debatten erst in seiner Heimat, dann in der gesamten europäischen Kunstwelt auslöste. Auf großen Formaten und in einer flüchtigen, aber ausdrucksstarken Malweise präsentierte er Szenen des Alltags. Seine Absicht lag in der Sozialreportage, in der Darstellung der Lebenswirklichkeit, die in der akademischen Malerei seiner Zeit keinen Platz hatte. Deswegen ließ er sowohl einen kompliziert konstruierten Bildaufbau und damit auch versteckte Sinnschichten weg, erzeugte so eine schnappschußartige Zufälligkeit des Motivs und fand damit eine dem Alltäglichen entsprechende Form.

Die fehlende Hintersinnigkeit der älteren Genremalerei, die Aufwertung des Alltäglichen wurden in Frankreich auch als eine politische Propaganda verstanden, gelobt und kritisiert, zumal Courbet an seiner sozialistischen und demokratischen, das heißt revolutionären Einstellung keine Zweifel ließ.

In den 1850er Jahren wurden seine Werke auf Wanderausstellungen auch im deutschsprachigen Raum bekannt und fanden hier trotz ihres brisanten politischen Inhalts überwiegend positive Aufnahme. Eine Reihe junger deutscher Künstler folgten seinen künstlerischen Strategien, zu denen Wilhelm Leibl und Ludwig Thoma als die später Bekanntesten und am meisten Geschätzten gehörten. Diese Künstler, wie auch fast die gesamte deutsche Kunstkritik, interessierten sich allerdings für die explizit politischen Bedeutungsdimensionen der Bilder nicht. Sie feierten stattdessen Courbet als einen Kunstrevolutionär, als den Erfinder einer neuen Bildsprache, die er aus der Beobachtung einer Wirklichkeit gewonnen hatte, welche von der großen Kunst bislang übersehen worden war.

Die Rezeption Courbets in Deutschland bildete also den Ausgangspunkt eines verstärkten künstlerischen Interesses am jeweiligen Milieu, das einer genauen Beobachtung unterzogen und ganz jenseits erhabener oder didaktischer Ausdrucksabsichten ins Bild gesetzt wurde. Daraus entstanden unheroische, aber mit großem malerischen Aufwand vorgetragene Volks- und Umweltporträts, die man im Laufe des 20. Jahrhunderts zuerst als Beginn einer neuen Heimatverbundenheit und in Zusammenhang mit der Gründung des Nationalstaates als Ursprung einer gemeinsamen deutschen Kunst interpretierte.

27. *Wilhelm Leibl, Drei Frauen in der Kirche, 1882, Hamburger Kunsthalle*

Dies war allerdings eine Überschätzung des Motivs und des inhaltlichen Anspruchs, da es Künstlern wie Leibl, Thoma, Schuch, Alt und anderen Gesinnungsgenossen nur um die Kunst, um eine neue Bildsprache ging. Eines der bekanntesten Beispiele für dieses Kunstverständnis und seine Umdeutung in Sinne der Volkstümlichkeit ist Wilhelm Leibls Bild „Drei Frauen in der Kirche", das nach dreijähriger harter Arbeit 1882 vollendet wurde. Abgesehen von dem spektakulären, perspektivisch leicht verzerrten Bildaufbau gibt das Werk eine authentische Situation wieder. Leibl malte das Bild in der Kirche des oberbayrischen Dorfes Berbling, drei Einwohnerinnen dienten ihm als geduldige Modelle. Um die Wirkung von Farben bei natürlichem Licht möglichst realistisch wiederzugeben, wendete Leibl die Technik der Primamalerei an.

Diese Technik gehörte zur Oppositionshaltung einer jungen Malergeneration gegen das Lasieren, das Durchscheinen mehrerer Farbschichten, wie es bei den Akademieproduktionen damals üblich war. Durch die dem Aquarellieren ähnlichen Naß-in-Naß-Arbeiten der alla prima-Malerei verschwand der braune Atelier- oder Galerieton, die künstliche Patina, und die Farben traten körperhaft-dicht, klarer und lichter hervor. Die graphischen Elemente, die Linien und Konturen, verloren ihre Bedeutung gegenüber den Farbflächen. Nach Auffassung der Künstler entsprach diese Farb- und Formwiedergabe den physiologischen Seh- und Wahrnehmungsfähigkeiten des Menschen. Die Darstellungsmethode war in diesem Sinne realistisch und dem realen Gegenstand der Bilder angemessen. Hier lag also ein experimenteller Umgang mit der Farbe vor, der dann im zeitgleichen französischen Impressionismus, mit dem die deutschen Künstler in engem Kontakt standen, zur Vollendung kam.

Auch bei den drei Frauen in der Berblinger Kirche ist diese moderne, klare und teilweise hart kontrastierende Farbgebung zu sehen. Die dadurch hervorgerufene flächige Wirkung verstärkte Leibl noch durch eine akribische Wiedergabe der Details, hauptsächlich bei der Kleidung. Damit nimmt das Bild Beziehung zur „altdeutschen" Malerei auf und erinnert an die Werke Holbeins, der im Leibl-Kreis verehrt wurde. Doch die Begründung dieser Ausdrucksform liegt nicht auf historistischer Ebene, Leibl ging es um eine formale Entsprechung zum dargestellten Thema. Das heißt, er folgte der Bedeutung, welche die Frauen ihrem „Sonntagsstaat", dem Kirchgang und der Andacht beimaßen, er inszenierte das dörfliche Werteverständnis und wählte hier den Ausgangspunkt für eine neue Bildsprache.

Spätere Betrachtungen dieses wohl bekanntesten Werkes von Leibl unterstellten dem Autor eine Identifikation mit dem Thema, mit den Dargestellten und ihrem Milieu. Das lag allerdings ein Mißverständnis vor, denn Leibl beobachtete und sezierte nur, suchte nach Anregungen und neuen Bildmöglichkeiten in dieser exotischen Welt, die so weit vom etablierten, dennoch fehlerhaft entwickelten Kulturbetrieb entfernt war. Er hatte jedoch kein Verlangen, in diese Welt einzutauchen, zum Heimatmaler zu werden, es ging ihm stattdessen um die Anerkennung als Neuerer und Erfinder vor allem in den international bedeutenden Kunstzentren, um die Präsentation seiner Werke in München, Berlin, Paris bei großen Ausstellungen und Weltausstellungen.

Der Gegenstand, die Motive, die drei Frauen aus Berbling blieben dagegen zweitrangig, zwar sorgfältig behandelt, aber zufällig ausgewählt, nicht wegen ihrer Schönheit, Ausdruckskraft oder als brauchbare Modelle für Mitteilung eines höheren Sinns, sondern belassen in ihrer Natürlichkeit und in ihrem angestammten Milieu. Selbstverständlich verfolgte Leibl das inhaltliche Ziel, eine typisch ländliche Lebenssituation darzustellen, die geprägt war von starken familiären Bindungen, von einem Zusammenhalt der Generationen, von stabilen Autoritätsverhältnissen, von Gottesfürchtigkeit usw.. Das dokumentierte er in diesem Bild, ganz sachlich ohne allegorische Zutaten, ohne zivilisations- und gegenwartskritischen Ehrgeiz, von dem dann seine Epigonen und Nachfolger angetrieben wurden.

Leibl stand damit den Impressionisten näher als dem Heimatstil. Was ihn aber hinderte, in dieser Richtung weiter zu experimentieren, war die übertriebene Wertschätzung des Handwerklichen, wie sie in der Anwendung der komplizierten, schwer beherrschbaren alla prima-Technik zum Ausdruck kam.

Die Orientierung auf die Welt der Arbeit, auf eine ungeschönte Lebenswirklichkeit, hatte keineswegs nur Befürworter. Für die Niederlagen und Schwierigkeiten, denen sich die Reformer ausgesetzt sahen, gibt es etliche Beispiele – hier eines aus Weimar.

28. *Leopold von Kalckreuth, Der alte Fischer, 1888, Kunstsammlungen Weimar*

1860 wurde auf Betreiben des kunstsinnigen Großherzogs Carl Alexander eine Kunstschule in Weimar eingerichtet. Die Vorstellungen Carl Alexanders, die am ehesten mit denen des Bayernkönigs Ludwig II. verglichen werden können, zielten auf eine Selbstinszenierung als Mäzen. Er bevorzugte große erzählerische Historienbilder und romantisches Genre. Die Schule, an der für kurze Zeit später berühmte Professoren und Schüler wie Böcklin, Lenbach, Liebermann, Herbst und viele andere tätig waren, hatte sich jedoch von Beginn an diesen Erwartungen widersetzt und für gespannte Verhältnisse in Weimar gesorgt. In den 1880er Jahren dominierten die Beziehungen zur französischen Schule von Barbizon über die künstlerische Entwicklung an der Schule, wie die Arbeiten des Landschafters Theodor Hagen, des Tiermalers Albert Brendel, von Karl Buchholz, Paul Baum und Christian Rohlfs belegen. Der Großherzog bezweifelte allerdings, daß es sich bei diesen Werken überhaupt um Kunst handelte, es waren seiner Meinung nach bestenfalls Vorstudien zu Kompositionen, die aber für ihn unverständlicherweise ausblieben. Solche Verweigerung von Leistungen und Ergebenheit strafte er mit administrativen Eingriffen in den Schulbetrieb.

Einer solchen Maßnahme fiel unter anderem der Maler Graf Leopold von Kalckreuth zum Opfer. 1885 wurde der hauptsächlich in München von Defregger und Grützner ausgebildete Leopold von Kalckreuth als Professor nach Weimar berufen. Er hatte sich von diesen Lehrern abgewandt und in engem Kontakt zu Franz von Lenbach den französischen Realismus, die Werke von Courbet, Millet und Manet kennengelernt. Damit gingen die Einübung der Primatechnik und die Konzentration auf die Freilicht-Malerei einher.

Sein berühmtestes Werk ist der „Dachauer Leichenzug“, ein großformatiges und in jeder Hinsicht düsteres Bild, das in der Münchner Fachwelt große Anerkennung fand. 1888 vollendete Kalckreuth ein weiteres großes Gemälde, das einen alten Fischer zeigt. Auf den ersten Blick handelt es sich um eine eher genrehaft gegebene Hafenszene, bei genauerem Hinsehen fallen die gekrümmte Haltung des Alten, die eingefallenen Gesichtszüge und der leere Blick auf. Der Untertitel heißt „kann nicht mehr mit“, einige nur spärlich gefüllte Obstkörbe und eine aus dem Zaun herausgebrochene Latte weisen auf die existentielle Not des Dargestellten hin. Das große Format und die handwerklich aufwendige, meisterliche Formulierung sind eindringliche Aufforderungen zum Mitleid. Bei Kalckreuths altem Fischer ist der unaufhörliche Untergang der handwerklichen, bäuerlichen Wirtschafts- und Lebensformen als ein individueller Schicksalsschlag dargestellt.

Es handelte sich also um ein realistisches Bild, das sich aber nicht mehr auf die Beschreibung einer vorgefundenen Situation beschränkte, sondern eine Interpretation lieferte, die außerhalb der künstlerischen Kompetenz lag. Mit dem sozialkritischen Inhalt überschritt Kalckreuth nach den Vorstellungen des Weimarer Großherzogs die Grenzen des angestammten Atelierraums, und er sorgte dafür, daß der Maler nach 5jähriger Lehrtätigkeit 1890 die Schule verlassen mußte.

Sein Nachfolger Fritjof Smith und seine Kollegen wie Max Thedy blieben der volkstümlichen und heimatlichen Themenstellung verhaftet, was den Großherzog zwar nicht mit Freude erfüllte, ihn aber auch zu keinen Maßnahmen veranlaßte, da solche eindeutigen sozialkritischen Aussagen wie bei Kalckreuths altem Fischer nicht mehr vorkamen. Der distanzierte Blick auf den Alltag, besonders auf den ländlichen Alltag, wurde gegen Ende des 19. Jahrhunderts allgemein aufgegeben zugunsten sentimentaler Arrangements. Die ehemalige Realitätsnähe verwandelte sich zu einem Vorwand für eine geeignete Szenerie zur Vermittlung von Stimmungen und Emotionen. Die Möglichkeiten, in diesem Themenbereich weitere Ansätze für die Reformierung und Weiterentwicklung der Kunst zu entdecken, schienen tatsächlich erschöpft, stattdessen begannen die Künstler damit, ländliches Leben, Volkstümliches überhaupt, idyllisch zu inszenieren und heile Welten zu fabrizieren.

Oft läßt sich dabei eine gewisse Melancholie über den Verlust dieser Art von Vergangenheit beobachten, die natürlich auch eine unausgesprochene Kritik an der Gegenwart, an der modernen, großstädtischen, industriellen Massengesellschaft beinhaltete. Doch folgten die Künstler damit nicht mehr ihrem künstlerische Gewissen, sondern nur einem überwiegenden Kundenwunsch, da sich die Volks- und Heimattümelei spätestens nach der Jahrhundertwende zur einträglichsten Ware des kommerziellen Kunstbetriebs entwickelt hatte.

Kunstgewerbe

Experimentelle und auch sozialkritische Überlegungen sorgten auch für eine Karriere der Heimatidee im Bereich des Kunstgewerbes und der angewandten Kunst. Früher noch als bei der bildenden Kunst, nämlich bereits Ende des 18. Jahrhunderts, hatte sich der Einfluß der Industrie und ihre Marktübermacht im Kunsthandwerk bemerkbar gemacht. Deswegen wurde die Heimatidee hier auch mit einer ausdrücklich antiindustriellen Grundhaltung verfolgt.

Die Entstehung der Industrie lag in der Notwendigkeit, einen eklatanten Mangel an Rohstoffen zu beheben, der eine technisch verbesserte Energiegewinnung und –ausnutzung sowie eine zeitliche Verkürzung von Transportwegen erforderte. Somit war der Beginn dieses Produktionsverfahrens schwerindustrieller Natur, doch dehnten sich diese Techniken, Methoden und Erfindungen schnell auf die Herstellung von Konsumgütern aus. Zuerst in England entwickelte man mechanische Kopierverfahren, die nicht nur die umständliche handwerkliche, sondern auch bald die kunsthandwerkliche Arbeit ersetzen konnten.

Der Engländer Joshua Wedgewood nutzte die Erfindung des Steinguts zur Herstellung von Porzellanimitaten, die von nicht ausgebildeten Arbeitern mittels Schablonen malerisch verziert wurden. Dies war der erste industrielle Ernstfall, der zum Untergang eines kunsthandwerklichen Berufsstandes führte. Porzellan, zudem bemaltes, erforderte soviele Fachkräfte und Arbeitszeit, daß sich der überwiegende Teil der Bevölkerung dieses Geschirr nicht leisten konnte. So gab es bis zur Erfindung Wedgewoods nur wenige Spezialmanufakturen, die in der Hauptsache von Staatsaufträgen, also direkten und indirekten Subventionen durch den Adel lebten. In den 1790er Jahren kamen die englischen Massenproduktionen auf die kontinentalen Märkte, und der Besitz keramischen Geschirrs wurde dadurch Anfang des 19. Jahrhunderts allmählich populär und üblich.

Aus der Sicht der Porzellanmanufakturen handelte es sich dabei um künstlerisch wertlose Imitate, doch der ökonomische Grund für die Aversionen lag darin, daß die herkömmlichen Produktionen ihre Anspruchsberechtigung an die staatlichen

Mittel und Förderungen verloren. Das Wedgewood-Sortiment zielte nämlich nicht auf einfache, schlichte Formen, die dem Preis und populären Verbreitungsgrad theoretisch entsprochen hätten, sondern imitierte gerade eine aufwendige Ausführungen und brach damit in die kunsthandwerkliche Domäne ein.

Dieser Prozeß folgte der Marktlogik und wiederholte sich bei den Eroberungen der Industrie in allen Branchen. Um die latente Skepsis der Käuferschaft gegenüber neuen Produkten und Techniken auszuschalten, mußte das Pionierangebot die artifiziellste und komplizierteste Form, zu der die herkömmliche Technik fähig war, kopieren. Die Konzentration auf die Luxusartikel hatte erstens den Vorteil einer Demonstration überlegener Fähigkeiten, zweitens fiel der Preis-Leistungsvergleich hier für die Industrie meist noch günstiger aus als bei den herkömmlichen Billigprodukten.

Gleich welcher Branche sich die Industrie zuwandte, Glas-, Stein-, Holz-, Textil-, Metallverarbeitung, überall eliminierte sie zuerst die gestalterischen Arbeitsanteile wegen ihrer preistreibenden Wirkung und ersetzte sie dann durch aufwendige Maschinenformen. Zuerst in England dann auf dem Kontinent kam es zu großangelegten Gegenreaktionen, wobei es um nichts weniger ging als um die Rettung der Kultur und der ganzen Zivilisation vor dem Moloch der Industrie.

Die beiden Engländer Ruskin und Morris gründeten zu diesem Zweck eine Fabrik, besser gesagt, eine werkstättische Arbeits- und Lebensgemeinschaft zur Herstellung von Möbeln nach traditionellen handwerklichen Herstellungsverfahren. Darüber hinaus entfalteten sie eine große Propaganda in Vortragsreisen und Publikationen, die wegen der gleichen Problemlage in allen Industrieländern rasch unter dem Titel „Arts and Craft" internationale Verbreitung fand. Aus diesem Grund überlebte die theoretische, volkspädagogische Konstruktion

29. Stuhl aus der Arts-and-Craft-Produktion

die Fabrikation, die bald wieder in Konkurs geriet – ein Schicksal, das etliche Werkstattgründungen teilten, die bis in das 20. Jahrhundert hinein diesem Konzept folgten.

Ein für die Arts and Craft-Bewegung typisches Produkt der Anfangszeit ist der unverschraubte, nur gezapfte Leiterstuhl mit strohgeflochtener Sitzfläche und Rückenlehne. Seine Herkunft aus einer Handwerksproduktion, die über Jahrhunderte das einfache Volk mit solchen Stücken versorgt hatte, war unverkennbar. Die künstlerische Überarbeitung dieses einfachen Musters bestand darin, eine möglichst vollständige Übereinstimmung von Material, Konstruktion und Proportion zu erzielen und zwar auf dem ökonomischsten Wege, denn das Produkt sollte gegen die Industrie konkurrieren können.

Deswegen lehnte man sich an die einfachsten, über Jahrhunderte immer wieder rationalisierten, kurz volkstümlichen Vorgaben. Diese Spärlichkeit der Mittel und Formmöglichkeiten zwang nun die Entwerfer zu einer millimetergenauen Gestaltungsarbeit, um eben jene beabsichtigte Übereinstimmung von Form und Material zu erzielen. Zum ersten Mal wurde dabei die Erfahrung gemacht, daß die Schlichtheit, der Verzicht auf Dekoration die Inszenierung des Punktes ermöglichte, an dem nichts mehr weggenommen und nichts mehr zugefügt werden konnte. Inmitten der beginnenden Form- und Stilturbulenzen, die zum Ausgang des 19. Jahrhunderts ständig zunahmen, entstanden so Gegenstände von überraschender Klarheit und höchster Formvollendung.

Allerdings hatten diese Stücke nichts mehr gemeinsam mit den historischen Vorlagen, ihnen fehlte jede Selbstverständlichkeit, alle bis dahin üblichen Bastelfehler. Es waren Kunstwerke größter Ökonomie und Präzision, deren Herstellung Arbeit und Kosten verursachte, die dann eine beabsichtigte Popularisierung natürlich wieder verhinderten.

Der Angriff auf die Massenherstellung mußte also ökonomisch gesehen mißlingen. Ruskin und Morris planten, die Dekorationen wegzulassen, somit die teure kunsthandwerkliche Arbeit zu reduzieren und zugleich der Industrie keine Formvorlagen mehr zu liefern, die diese dann kopieren konnte, um das handwerkliche Produkt im Falle des Markterfolgs sofort zu unterbieten. Daher verwendeten sie nur organische Materialien – Vollholz und Binsen zum Beispiel –, die für eine maschinelle Fertigung nicht geeignet waren. Die Form paßte sich dem Material so an, daß sie nur schlecht und optisch auffällig in Surrogatstoffe übersetzt werden konnte, auf die aber die industrielle Herstellung angewiesen war.

Wie bei der bildenden Kunst auch hatte der Heimatbezug beim Kunsthandwerk im 19. Jahrhundert noch revolutionäre Qualitäten. Die Wiederentdeckung vorindustrieller Lebenszusammenhänge, die in den Industrieländern bereits ab Mitte des 19. Jahrhundert nur noch in den entlegensten Gegenden nachvollzogen werden konnten, führte zu einer Formverweigerung, einer Verweigerung von Dekorationen und Ornamenten, die ihre künstlerische, akademische und historische Bedeutung verloren hatten und zum Verkaufsargument der Industrie verkommen waren. Diese Designverweigerung demonstrierte eine Kritik an der Unstimmigkeit kultureller Verhältnisse, an der unklaren Vermischung von Kunst und Kommerz, Regionalismus und Nationalismus, von akademisch-historischer Formensprache und Massenfabrikation. Eine aus den traditionellen Fugen geratene Welt sollte geheilt werden durch die Hebung eines im Sinken begriffenen Kulturgutes, durch die Wiederbelebung volkstümlicher, regionaler Gebrauchsgegenstände, die eigentlich außer Funktion geraten waren und die gerade deswegen eine natürliche Geschichtlichkeit hatten im Gegensatz zu der völlig künstlichen Patina historistischer Industriedekorationen.

Doch die Neubearbeitung der anachronistisch gewordenen Gebrauchsgüter mündete in einem ungeheuren Gestaltungsaufwand. Jedes Stück Holz, jeder Naturstein bedurfte aufgrund seiner Individualität einer exakten, dennoch unwiederholbaren Formbearbeitung, deren Aufwand durch einen bloßen Gebrauch nicht mehr gerechtfertigt war. Der Kunstwert überstieg den Gebrauchswert bei weitem. Um den Aufwand und die zum Teil absurd hohen Preise noch sinnvoll erscheinen zu lassen, mußte der Funktionsbegriff ständig erweitert und dem jeweiligen Gegenstand die Wirkungskraft angedichtet werden, die notwendig erschien, um die Zivilisation vor dem Untergang zu bewahren. So verwandelten sich herkömmliche Gebrauchsgüter in Gesinnungs- und Lebenstil-Zubehöre, die sich in Ermangelung rationaler und kommerzieller Argumente als stark konjunkturabhängig und meist kurzlebig erwiesen.

Trotz der ökonomischen Niederlagen des frühen Heimatstils blieb die hohe Bedeutung der Materialgerechtigkeit, der Einheit von Material und Form im 20. Jahrhundert erhalten. Diese gestalterische Methode wurde von allen künstlerischen Bewegungen übernommen, bildete das Fundament eines jeden künstlerischen Selbstverständnisses, das die Freiheit und Unabhängigkeit der Kunst über den kommerziellen und politischen Erfolg stellte.

Die Heimat als Motivvorlage, als Formgeberin verlor dagegen schon im ersten Viertel des 20.Jahrhunderts ihre Bedeutung für die freien und angewandten Künste. Denn die Industrie hatte es doch geschafft, die von den Urhebern dieses Stils aufgehäuften Materialwiderstände durch neue Herstellungstechniken und Kunststofferfindungen zu überwinden und vielen Kunden ihre Wünsche zu moderaten Preisen zu erfüllen. Unter dem Angebotstitel „Altdeutsch" überlebte die von der Materialidee abgetrennte Formensprache des Heimatstils als Massenartikel.

Architektur

Nach der bildenden Kunst und dem Kunstgewerbe folgte als letzte Disziplin die Architektur dem Ruf der Heimat und des Handwerks. Diese Verspätung hatte materielle Gründe, da die Industrialisierung des Bauens im 19. Jahrhundert nicht zu Einbrüchen, zu Verdrängungen von Berufsgruppen geführt hatte. Die Anforderungen änderten sich zwar, weil neue Techniken und Verfahren zum Einsatz kamen, auch nahm der Arbeitsaufwand stark ab wegen der neuen vorproduzierten Elemente, die vor Ort nur noch montiert werden mußten. Aber der dadurch bewirkte Preissturz ließ das Bauvolumen rasant ansteigen, so daß immer mehr Handwerker, Entwerfer, Planer, Techniker,

Produktentwickler gebraucht wurden, was den Verlust traditioneller Arbeitsplätze kompensierte.

Der Beginn des Heimatstils in der Architektur basierte weniger als im Kunstgewerbe auf einer sozialen Problemstellung und bezweckte auch nicht die Eroberung gestalterischen oder künstlerischen Neulands wie in der bildenden Kunst, sondern war berufsständischer und konservativer Natur. Ein auslösendes Moment war unter anderem die Aufwertung von Ingenieurleistungen, die sich um 1900 allmählich durchsetzte. Ein bereits vielzitiertes Beispiel dafür ist die Bahnhofsarchitektur des 19. Jahrhunderts. Die Stahl-Glas-Konstruktionen zur Überdachung der Bahnsteige galten im Ursprung nicht als Architektur, sondern als Geräte, die sich nur mit dem Funktionsbegriff, nicht mit einem Schönheits- oder Kunstbegriff in Verbindung bringen ließen. Schon alleine die Materialien Glas und Eisen waren der allgemeinen Auffassung nach für Gestaltungsaufgaben überhaupt nicht geeignet. Die riesigen technischen Geräte der Bahnsteigdächer durften daher auch nicht sichtbar am Stadtbild teilhaben und mußten mit einer konventionellen Gebäudeattrappe verkleidet werden, die alleine in den Zuständigkeitsbereich der Architekten fiel.

Erst solche Gebilde wie der sogenannte Glaspalast John Paxtons für die erste Weltausstellung in London von 1851, der aber noch einige Konzessionen an herkömmliche Bauformen machte, vollends aber der 1899 fertiggestellte Eiffelturm in Paris mit seiner unverhüllten Konstruktion brachten einen Meinungswechsel. Die Sehgewohnheiten hatten sich die Ingenieurbauten endlich erobert und ihre gestalterische Qualität erkannt. So konnten auch nach und nach die Dekorationen und Kulissen wegfallen, die Konstruktionen wurden sichtbar gelassen, was natürlich zu einer völlig veränderten Architekturauffassung führte. Vor allem entfiel die Notwendigkeit traditioneller Bauverfahren, die Gestaltungsfragen spielten sich nicht mehr in dem Bereich des Handwerks und in der Erzeugung handwerklicher Surrogate ab, sondern immer mehr im technisch-konstruktiven Bereich. Ein frühes und wesentliches Beispiel dafür ist die 1909 erbaute Turbinenhalle der AEG in Berlin, die von dem Architekten Peter Behrens unter vorrangiger Berücksichtigung ihrer Konstruktion gestaltet wurde.

Solche Entwicklungen ließen die konservative Architektenschaft, die sich den neuen technischen Anforderungen nicht stellen wollte und konnte, um ihren Berufsstand fürchten. Sie waren dazu ausgebildet und darauf spezialisiert, Handwerker anzuleiten, die das Material vor Ort dem Entwurf anzupassen hatten. Stahl, Glas und andere gußfähige Materialien konnten aber nur als vorproduzierte Elemente verwendet werden, die bloß in Massen herstellbaren Formen entzogen sich dem gestalterischen Einfluß der Architekten. Entwurf und Planung beschränkten sich im Fall einer völlig industrialisierten Bauweise auf die Herstellung von Montageanleitungen.

Für diejenigen Architekten, die ein traditionelles Verständnis von ihrem Beruf hatten, war es also unbedingt notwendig, den handwerklichen Anteil am Bauprozeß möglichst hoch zu halten. Um eine damit drohende Preissteigerung und Marktunfähigkeit zu verhindern, lehnte man sich an die Arts and Craft-Idee und zielte auf eine Architektur mit geringem dekorativen Aufwand, auf ruhige geschlossene Baukörper von einfacher und klarer Form, die auch keines übermäßigen technisch-konstruktiven Aufwands bedurften und von regionalen, herkömmlichen Betrieben ausgeführt werden konnten.

Technische Bauten und Großprojekte eigneten sich nicht für diese Anwendungen. Da nach 1900 der Stahlbeton konstruktionsreif geworden war und begonnen hatte, die teureren Glas-Eisen-Skelette des 19. Jahrhunderts zu verdrängen, gab es für die traditionellen Bauverfahren schon wegen ihrer technischen Unterlegenheit, abgesehen von stilistischen Verblendungen, keine Chancen mehr in diesem Aufgabenbereich. Zur Wiederbelebung einer altertümlichen Gebrauchsarchitektur bot sich stattdessen der private Wohnhausbau an, insbesondere dann, wenn keine kommerziellen Erwartungen seitens der Bauherrn vorlagen. Für die Bewältigung dieser Bauaufgabe durch eine strikt handwerkliche Ausführung boten sich zwei historische Vorlagen an. Einmal das bürgerliche Haus, besser gesagt, die Villa aus der Zeit um 1800, die in vielen historischen Aufarbeitungen zu Beginn des 20. Jahrhunderts als eine sachliche, schnörkellose, ganz auf den Zweck gerichtete und insgesamt maßstäbliche, gut proportionierte Architektur beschrieben wurde. Und zum anderen die regionalen Bauformen, wie sie sich in Jahrhunderten rein handwerklicher Tradition herausgebildet hatten — das Schwarzwaldhaus, das niederdeutsche Hallenhaus, die Fischerhäuser der Küstenregionen usw..

Das Bürgerhaus des 18. Jahrhunderts gab die Form vor, die regionalen Baustile lieferten die Baumethoden, das typische Material und seine Verarbeitung. Aus dieser Kombination entstanden eben keine Kopien historischer Vorlagen, sondern eigentümliche Bauten in bester handwerklicher Qualität und von großer gestalterischer Klarheit und Präzision. Auch in der Architektur kam also der gegenwartskritische Aspekt des Heimatstils durch eine Reduktion der Formvielfalt und eine Präzisierung der Gestaltung zum Ausdruck.

In der Zeit seiner Entstehung um die Jahrhundertwende gab es noch andere architektonische Reformbewegungen im Wohnungsbau, die in Opposition standen zu der historistischen Industriearchitektur. Zu größtem Erfolg kamen dabei eine aus England herstammende Mode, die sich besonders für die Formulierung von Landhäusern und freistehenden Villen eignete.

30. Henry van de Velde, Privathaus in Weimar, 1907/08

Viele englische Landsitze waren über Jahrhunderte unzerstört geblieben und anbauweise gewachsen, wobei jeder Flügel den Stil seiner Entstehungszeit zeigte, und zwar oft ohne die älteren Bauteile gestalterisch zu berücksichtigen. Solche skurrilen Stilkonglomerate ließen sich dann Emporkömmlinge und Parvenus im 19. Jahrhundert gerne nachbauen. Gegen Ende des 19. Jahrhunderts kam diese Mode als malerischer Baustil auch auf den Kontinent, wo er in einer reinen Form hauptsächlich beim Neubau kulturhistorischer Museen Anwendung fand. Es ergab sich damit die Möglichkeit, die meist mehrflügeligen Baukörper als ein Kompendium zur Entwicklungsgeschichte der regionalen Baustile zu formen, die dem Publikum gefällig und anrührend dargeboten wurden. Dieser malerisch, agglomerierte Stil entwikkelte dann noch eine kurze Tradition im Villenbau. Den Häusern fehlten meist die notwendigen Dimensionen für ein echtes Konglomerat historischer Stile, so daß es nur zu stark belebten, asymmetrisch zerteilten Fassaden kam, die in einer malerisch aufgebrochenen Dachlandschaft endeten.

Aufgrund der wirtschaftlich relativ stabilen Lage entstand auch in Weimar entlang der nach Süden ausfallenden Belvederer Allee ein Neubaugebiet, das zwischen 1890 und 1910 mit Villen des malerischen Typs gefüllt wurde. Am südlichen Ende der damaligen Bebauung schuf Henry van de Velde 1907/08 ein letztes Beispiel, sein eigenes Haus. Die bis dahin üblichen historischen Verweise in Form eingesprenkelter Spolien ließ er zwar weg, doch die Formenvielfalt des malerischen Stils behielt er bei. Entlang der Nordsüdachse des Hauses reihte er drei große Zimmer hintereinander, die Haupttreppe zu den Privaträumen im Dachgeschoß stand in offener Verbindung mit dem mittleren Raum, der so die repräsentative Mitte des Hauses bildete. Diese Anordnung war konventionell und eignete sich aufgrund der symmetrischen Ausgangsform nicht besonders für die Formagglomeration, so daß sich eine unerklärliche Zerklüftung des Baukörpers ergab. Wie bei den meisten seiner Bauten verlor van de Velde auch hier die gestalterische Beherrschung über die vielen Formdetails, die er provoziert hatte. Erschwerend kamen die ungewöhnlichen Materialmischungen hinzu. Die Mauern des Keller- und Erdgeschosses zeigen einen hammergerechten Travertin aus dem nur einige hundert Meter entfernten Ehringsdorfer Bruch, der nach einem unregelmäßigen Fugenplan versetzt wurde. In bewußtem Kontrast zu diesem organischen Material bildete van de Velde die Stürze an einigen Fensterpartien aus sichtbar gelassenen Eisenträgern – ein Motiv, daß er an der kurz zuvor, 1906, fertiggestellten Kunstgewerbeschule und dem späteren Ateliergebäude der Kunstschule nochmals verwendete.

Diese Industrie-Zitate hatten eine bloße rhetorische Funktion, wurden ihm aber von seinen Gegnern als grundsätzliche Befürwortung des technischen Fortschritts, des Industriebaus ausgelegt. Man unterstellte dem Belgier eine grundsätzliche Ablehnung volkstümlicher und heimatlicher Traditionen. Im Vorfeld des Ersten Weltkrieges geriet der belgische Staatsbürger wegen seiner Modernität und seiner überregionalen, europäischen Wirkung in eine lokale Isolation, die er aufgrund seiner regen internationalen Kontakte aber solange noch ertragen konnte, bis ein politisch motivierter Fremdenhaß ihn schließlich nach etlichen bürokratischen Schikanen in die Emigration zwang.

Damit wurde van de Velde zu einem frühen, prominenten Opfer der Heimatbewegung, dem aber noch viele folgen sollten. Mit den wachsenden praktischen Erfolgen löste sich die Gemeinsamkeit der antiindustriellen Reformbewegungen nach der Jahrhundertwende auf. Bei den anschließenden Konkurrenzkämpfen und Grabenkriegen nahm der Heimatstil eine besonders auf der theoretischen Ebene vorgetragene, militante und fundamentalistische Haltung ein.

In diesem Zusammenhang stoßen wir 1902 erstmals auf den Namen Paul Schultze-Naumburg, der für ein Jahr eine Dozentur für Farbenlehre an der Weimarer Kunstschule innehatte. Schultze-Naumburg bemühte sich seit seinem Gastauftritt immer wieder um eine Berufung an die Schule. Er mußte jedoch warten, bis der erste nationalsozialistische Landesminister Frick ihm 1930 die Leitung der Schule übertrug. In der Zwischenzeit avancierte Schultze-Naumburg sowohl als Architekt wie auch als praktizierender Kunstgewerbler, vor allem aber als Publizist zum wohl berüchtigsten Vertreter des Heimatstils, den er mit einer Blut-und-Boden-Theorie, also mit biologischen und rassistischen Argumentationen unterlegte.

31. Paul Schultze-Naumburg, Privathaus in Saaleck, 1902

So besitzt Weimar zumindest in seiner räumlichen Nähe auch einen Pionierbau des Heimatstils, nämlich das Wohnhaus, das Schultze-Naumburg für sich, seine Familie und Mitarbeiter 1902 in Saaleck erbaute.

Ca. 20 Kilometer nordöstlich von Weimar, zwischen Jena und Naumburg, durchfließt die Saale eine hügelige, weite Landschaft, die in deutschnationalen Kreisen seit 1806, also seit der Schlacht von Jena und Auerstedt, als ein von vaterländischem Blut getränkter Boden gilt. Deutliche Hinterlassenschaften dieser Gesinnung finden sich auch heute noch beispielsweise auf der Rudelsburg, den Resten einer mittelalterlichen Burganlage oberhalb des kleinen Dorfes Saaleck. Unweit davon erwarb Schultze-Naumburg 1901 ein unbebautes Grundstück von 30.000 qm Größe, das vom Ufer der Saale bis zum Bergkamm hinaufreichte und einen großen Steilhang einschloß, den der Fluß aus dem Kreidefelsen gebrochen hatte. Er ließ das Gelände in mittlerer Höhe zwecks Anlage eines „altdeutschen“ Gartens planieren und baute darin, recht nahe an der Abbruchkante, ein voluminöses Haus, das weithin sichtbar in das landschaftlich reizvolle Tal hineinragt. Des Fernblicks zuliebe wählte er eine schlichte kubische Form, die mit den quadratischen Turmresten der darüber liegenden Rudelsburg und Burg Saaleck korrespondieren sollte. Der zweigeschossige Baukörper erhielt ein flaches Mansardendach, das ursprünglich in einer Laterne mündete.

Diese einfache, geschlossene Form zeigt eine dazu widersprüchliche innere Aufteilung, mit der Schultze-Naumburg bezweckte, jedem Raum eine individuelle Gestalt, ein eigentümliches Bild zu verschaffen. Ausgangspunkt wurde ein großer, anderthalbgeschossiger Raum im Erdgeschoß, der alleine zu fünf verschiedenen Ebenen im unteren Bereich des Hauses führte. Das Grundrißbild wechselte zum Obergeschoß und wurde beim ausgebauten Dachgeschoß nochmals variiert. Hier wählte der Architekt also eine für den Wohnhausbau damals typische Agglomeration verschiedener Formen, die aber nicht Thema der Bauhülle wurde. Überhaupt unterließ Schultze-Naumburg bei seinen vielen nachfolgenden Häusern solche bemühten Komplikationen, die nach seiner eigenen Auffassung in Saaleck zu keinem glücklichen Ergebnis geführt hatten.

Außerdem verunklärte diese affektierte Unregelmäßigkeit seine eigentliche gestalterische Absicht, die in der ausschließlichen Verwendung organischen, ortstypischen Baumaterials lag, das nach den ursprünglichen handwerklichen Methoden verarbeitet wurde. Diese Gestaltungsidee drückte sich stärker bei der ruhigen und eher dezenten Fassadengestaltung aus. Bis auf wenige Putzabsätze ist das Äußere schmucklos geblieben, die Fenster liegen fast bündig außen

32. *Goethes Gartenhaus in Weimar*

an und sind auf jeder Seite so verteilt, daß große geschlossene Wandflächen übrigbleiben, die dem Haus einen urtümlichen, wehrhaften Charakter verleihen. Deswegen wirken die Unregelmäßigkeiten bei der Verteilung der Fenster, bei den Formaten, die dezenten Brechungen von Symmetrien, die knappen Verfehlungen der Achsen nicht geplant und beabsichtigt, sondern als das unwillkürliche Ergebnis einer volkstümlichen, handwerklichen Herstellung. Von diesem Zeitpunkt an wurde diese kalkulierte Dissonanz zum Kennzeichen des Heimatstils.

Ein für diese gestalterische Strategie vorbildliches Haus „entdeckte" Schultze-Naumburg im nahen Weimar. Es handelt sich um das sogenannte Goethe-Gartenhaus, das infolge der eifrigen Propaganda, die Schultze-Naumburg in Architektenkreisen für dieses Objekt betrieb, zur beliebtesten Vorlage für den Bau von Einfamilienhäusern im 20. Jahrhundert avancierte.

1776 hatte Goethe das damals bereits verfallene Haus mit einem großen, allerdings verwilderten Garten ersteigert und von örtlichen Handwerkern und Gärtnern auf gründliche, aber sparsame Weise wieder herrichten lassen. Das Erdgeschoß besteht aus Bruchsteinen, das Obergeschoß aus Fachwerk, das im Inneren zurückspringt, so daß sich an den Fassaden eine durchgehende Putzfläche ergibt. Aus Kostengründen sind die wenigen Fenster klein, von außen wirkt das Haus dadurch etwas abweisend und wehrhaft. Außerdem sind die Fenstergliederungen an keiner Seite regelmäßig und die Verhältnisse zwischen den geöffneten und geschlossenen Flächen überhaupt mißglückt. Der abweisende Charakter wird aber gemildert und ins Idyllische gewendet durch Spaliere, Kletterpflanzen und den großen Garten, der allseits in den Ilmpark übergeht. Das eigentliche Wahrzeichen des Hauses stellt das kurios hohe, holzschindelgedeckte Walmdach dar, das fast ohne Überstand, direkt über den Fenstern des Obergeschosses aufgeht. Eine winzige, tiefsitzende Gaube und ein kleiner Schornstein bleiben die einzigen Unterbrechungen der Dachhaut, die selbst bei dichtem Laub das Bild des Parks mitbestimmt.

Im Inneren herrscht ein ausreichendes, mildes Tageslicht, weil besonders im Obergeschoß die Räume klein und somit gut auf die Fenster abgestimmt sind. Das gilt besonders für das berühmte, zweiseitig durchfensterte Eckzimmer mit Blick auf das Römische Haus, das sich der Großherzog Karl August auf der gegenüberliegenden Talseite erbauen ließ.

Heute noch steht zwischen den beiden Fenstern der von Goethe in Auftrag gegebene, eigentümliche Sitzbock zur Rittlings-Benutzung vor einem kleinen Schreibpult – ein Ambiente von geradezu erschütternder Bescheidenheit, wenn man bedenkt, daß hier Weltliteratur entstanden ist.

Viele Vertreter des Heimatstils und Anhänger einer neuen Materialästhetik behaupteten einen ursächlichen Zusammenhang von Bauform, Ausstattung und dem dadurch ermöglichten und motivierten Kunstschaffen. Deren Meinung nach hatten Goethe und die Handwerker gerade wegen der nicht vorhandenen akademischen Profession also intuitiv richtig gehandelt und nichts anderes getan, als das vorhandene Material so solide und zweckmäßig wie möglich verarbeitet. Die angenehme, humane Stimmung des Hauses und seine Eigentümlichkeiten ergaben sich demnach aus der Wirkungsweise des Materials, das aus Kostengründen nur in einfachster Form bearbeitet und daher seiner natürlichen Individualität nicht beraubt worden war. Jede noch so artifizielle Ornamentik und erst recht die maschinelle Perfektion hätten diese Eigenschaften nur zerstört.

Jene unscheinbare Zweckarchitektur, wie sie Goethe für sich herrichten ließ, bewies also besser als ein Palast, daß es mehr als des guten, natürlichen Materials und seiner gerechten Verarbeitung nicht bedurfte, um ein vollkommenes Haus zu erschaffen, das allen Ansprüchen genügte und sogar einen therapeutischen und stimulierenden Einfluß auf seine Bewohner ausüben konnte. Das galt auch für den bäuerlichen Leiterstuhl, der wesentlich besser geeignet war als ein gedrechselter, gepolsterter Thronsessel, um in seiner präzisen Form die gelungene Übereinstimmung von Material, Bearbeitung und Funktion zu demonstrieren, wie sie durch eine noch so präzise arbeitende Maschine nicht hergestellt werden konnte. Schließlich nahm auch in der Malerei die Bedeutung, überhaupt die Bildwürdigkeit des dargestellten Motivs laufend ab zugunsten einer Steigerung des Ausdrucks, der Wirkung bildsprachlicher und malerischer Mittel. Auch diese Wirkung basierte auf einer handwerklichen und materialgerechten Arbeit, die genaue Wahrnehmung voraussetzte, während die Kenntnisse des akademischen und historischen Formenrepertoires zweitrangig blieb.

Der Heimatstil erreichte nach der Vorbereitung durch die Kunst und das Kunstgewerbe seine höchste Vollkommenheit im Sinne eines Gesamtkunstwerks als sich nach der Jahrhundertwende auch die Architektur diesem Stil zuwandte. Eine zentrale Bedeutung für alle Gestaltungsaufgaben erhielt dabei der Materialbegriff, der alles andere, insbesondere die Fragen des Inhalts und des Motivs, in sich aufsog oder völlig überlagerte. In diesen Zusammenhang fiel auch die Entdeckung des Banalen und Beiläufigen, des Alltäglichen und Unscheinbaren, das sich als motivische Grundlage für die Inszenierung des Materials besonders gut eignete.

Der Heimatstil war also in der frühen Phase eine Versammlung wichtiger und ernstzunehmender Kulturleistungen, die durchaus Modernität für sich beanspruchen konnten. Doch nach dem 1. Weltkrieg geriet er zwischen die Fronten zweier mächtiger Gegner, zwischen die künstlerische Bewegung der Moderne und die Industrie, die den Heimatstil durch eine schleichende Kommerzialisierung aushöhlte.

Theorie

Diese Aktualität des Heimatstils erklärt sich aus den Defiziten der beginnenden Industriegesellschaft. Die Rationalität serieller Großproduktionen stellte zwar eine Bereicherung dar, der Lebensstandard stieg ebenso wie die Bewegungsfreiheit der Individuen. Der dafür zu zahlende Preis lag aber in der fortwährenden Vereinheitlichung erst der Produkte und Produktionen, dann der Lebensabläufe, was schließlich in einer merkwürdigen, neuartigen Ort- und Zeitlosigkeit mündete. Die Errungenschaft der Eisenbahn zum Beispiel verkürzte die Reisewege nicht nur drastisch, sondern machte auch die Fahrten alle gleich, da die Reisenden keine nachhaltigen Beziehungen zu den Panoramen entwickeln konnten, die während der Fahrt an den Zugfenstern vorüberzogen. Dolf Sternberger beschrieb bereits, daß die Bahnfahrten von Beginn an allgemein als langweilig und öde empfunden wurden.

Mit der Bahn verbreitete sich ein bestimmter industriell hergestellter Architekturtyp, das historistisch verkleidete Stadthaus, das überall zu ähnlichen Vorstädten, ähnlichen Villengegenden, ähnlichen kleinbürgerlichen Siedlungen und ähnlichen Massenwohnanlagen führte. Auch Produkte des täglichen Gebrauchs vereinheitlichten sich und verwischten die regionalen Unterschiede, die zuvor noch an Kleidung, Wohnungseinrichtungen oder Eßgewohnheiten ablesbar waren. Die ursprünglichen Zusammenhänge von Rohstoffgewinnung, Weiterverarbeitung und Konsum lösten sich auf. Zu dem Verlust der Ortsbedeutung kam der Verlust der Zeitbedeutung, da alles auf eine monotone Wiederholung immer gleicher Abläufe zustrebte. Das elektrische Licht und die Schichtarbeit verminderten die Bedeutung der Tageszeiten, die Zentralheizung, der Kühlschrank und die Lebensmittelimporte verminderten die Bedeutung der Jahreszeiten. Die Befürchtung einer künstlichen Welt ohne historische Spuren bestand trotz und gerade wegen der intensiven Versuche seitens der Industrie, ihren Produkten durch angeklebten historischen Zierrat Patina und Eigentümlichkeit zu verschaffen. Durch das massenhafte Auftreten dieses Zierrats in immer neuen, immer beliebigeren Varianten führten sich diese Bemühungen selbst ad absurdum.

Als es der Bevölkerungsmehrheit noch nicht bewußt war, ahnten die Künstler des Heimatstils schon voraus, daß der Verlust von Ortserfahrungen und Zeiterfahrungen zu einem Verlust von Erkenntnis und von Selbsterkenntnis führt, daß die Angleichung von Lebensläufen Orientierungsprobleme und gesellschaftliche Konflikte hervorruft, die unbeherrschbar sind und deswegen totalitäre Zustände provozieren.

Wie recht sie damit hatten, beweist gerade die deutsche Geschichte des beginnenden 20. Jahrhunderts. Nachdem die traditionellen Unterschiede und Unterscheidungsmöglichkeiten wie etwa Herkunft, Religionszugehörigkeit, Bildungsgrad, Lebenserfahrung, Familienstand usw. an Bedeutung verloren hatten, steigerte sich die Bedeutung der einzig verbliebenen sozialen Unterschiede ins Unermeßliche. Geld, Einfluß, Macht, Konsum als Ausdrucksformen sozialer Unterschiede verdrängten alle anderen Eigenschaftswünsche, stiegen auf zu den Hauptmerkmalen sozialer Orientierung und lieferten allen erfolgreichen Gesellschaftsentwürfen, vor allem den totalitären, die Basis, die Massenakzeptanz.

Die Materialästhetik des Heimatstils war ein erster großangelegter Versuch, die fortlaufende Monotonisierung der Gesellschaft zu durchbrechen. Die einmalige, unwiederholbare gewachsene Struktur eines Gegenstands natürlicher Herkunft, sei es ein Pinselstrich, ein Stück Holz oder ein Sandstein, sollte als Symbol verstanden und den Menschen ihre eigene Individualität und die unendliche Vielfalt von Eigenschaften jenseits des materiellen Besitzes ins Bewußtsein zurückbringen. Deswegen gehörte zu der Materialästhetik des Heimatstils auch der Bescheidenheitsgestus, das dezente, distinguierte Auftreten und die Erzwingung eines genauen Wahrnehmens, eines Bewußtseins um die Details.

Das organische Material hatte zudem subversive, politische Kräfte, es glich nicht nur den Eigentümlichkeitsverlust der selbstlaufenden Industrieentwicklung aus, es provozierte auch die Industrie, denn die historische Patina, die deutlich erkennbare Herkunft des organischen Materials konnte nicht kopiert, ersetzt, nachgeahmt oder vorgetäuscht werden und das organische Material diskreditierte mehr als jede noch so exotische, letztlich doch wiederholbare Kunstform die künstlichen Produkte der Industrie. Der Industrie entstanden deswegen Kundenverluste, vor allem aber Prestigeverluste. In der Folge offenbarten sich dadurch auch politische Probleme.

Die Problemlage der verlorenen Eigentümlichkeit wurde nicht in allen Bevölkerungskreisen gleich stark empfunden. Die aus den verarmenden ländlichen Regionen zugewanderten Arbeiter, das Proletariat der neuen Industriezentren, mußten anders denken. Für sie war alles Gleiche, alles Massenhafte nicht schlecht, sondern gut. Sie brauchten Gemeinsamkeiten, gemeinsame Reiseziele, gemeinsame Lebenswünsche, gemeinsame Konsumerfahrungen usw., um sich austauschen zu können und als Masse eine Macht zu bilden. Die Notwendigkeit, sich zu organisieren, lag in der Natur der Entwicklung, war ein logischer, lebenswichtiger Prozeß.

Es waren die Bildungsbürger, die unter der Entwertung ihrer geistigen Besitztumer litten. Ihre Kultur wurde ihnen weggenommen, verfälscht und verallgemeinert. Außerdem stand zu befürchten, daß die Bildungselite aufgrund wirtschaftlicher Demokratisierungsprozesse finanziell nicht mehr in der Lage sein würde, eine elitäre Kultur zu erzeugen und fortzuführen. Die Aussicht, ihre kulturellen Bedürfnisse auch nur mit Surrogaten, Reproduktionen und Massenwaren befriedigen zu können, war verheerend. An der Materialfrage schieden sich also die Geister und die gesellschaftlichen Gruppen.

Der Materialbegriff wurde zum Beispiel von einer anfangs noch kleinen Gruppe Heimatbewegter auf die Menschen selbst und ihre „rassische" Zugehörigkeit ausgedehnt, womit dann die kriminelle, die zutiefst inhumane Dimension des Heimatstils begann. Wieder liefert die Architektur gute Beispiele dafür.

Der Rückgriff auf die ländlichen, volkstümlichen Baustile, ursprünglich eine Protesthaltung gegen das herrschende akademische Stilverständnis des Historismus, wurde mit einer speziellen ästhetischen Begründung angereichert. Die Regionalstile erschienen demnach als Ausdruck eines volkstümlichen Kulturvermögens, Bauformen spiegelten typische volkstümliche Mentalitäten und Gemütsregungen wider. Das der Volksgemeinschaft zugehörende Kulturverständnis entstammte der jeweiligen Natur; dabei wurde Natur manchmal nur als Landschaft, als geographische und klimatische Gegebenheit verstanden, auf welche zum Beispiel die traditionellen Formen der Häuser reagierten, oft schloß der Naturbegriff aber auch die Rasse, die biologischen Voraussetzungen einer Kulturgemeinschaft ein. In diesen Fällen deutete man die sich oft wiederholenden Formen und Motive als Ausdruck von rassischen Eigenschaften.

Bei solchen biologistischen Theorien handelte es sich um eine Umkehrung der Kulturmorphologie, das heißt, einer Vergleichsmethode, die der Kunstgeschichte seit ihren Anfängen im 18. Jahrhundert dazu diente, die örtliche und zeitliche Herkunft von Kunsterzeugnissen zu bestimmen. Diese Methode hatte nur eine begleitende Funktion in der historischen Forschung, die dann zur Anwendung kam, wenn es keine oder nur ungenaue historische Quellen gab und genauere Aussagen zu dem untersuchten Gegenstand nicht möglich waren. Gegen Ende des 19. Jahrhunderts bildete die Morphologie den Ausgangspunkt einer rassistischen, biologistischen Theoriebildung, die letztlich darauf zielte, der aktuellen Kunstproduktion Anleitungen für eine größere Massenwirkung zu verschaffen.

Solche Handlungs- und Produktionsanleitungen gingen von der Existenz überzeitlicher, ewig gültiger Wahrnehmungs- und Empfindungsmuster aus, die bei den verschiedenen menschlichen Rassen genetisch vorprogrammiert und eingelagert waren. Der Erfolg und die Qualität künstlerischer Erzeugnisse hing nach dieser Auffassung wesentlich davon ab, daß die Kunst diesen Mustern entsprachen oder mindestens entgegenkam. Im Kern war das die theoretische Grundlage des Heimatstils, der die Existenz eines biologischen oder physiologischen Konstruktionsplans vermutete, der alle Lebensformen und -äußerungen in Übereinstimmung bringen konnte. Nur die strenge Berücksichtigung dieser biologischen Voraussetzungen in allen gestalterischen Fragen ermöglichte ein großes gesellschaftlichen Gesamtkunstwerk, ermöglichte die endgültige Heilung der schlechten Wirklichkeit.

Der wohl wichtigste gedankliche Fehler der Theorie lag darin, daß die Geschichte, die Entwicklung bedeutungslos gemacht wurde. Die historischen Ereignisse konnten demnach keine Logik besitzen, bestenfalls nur die Handlungs- und Wahrnehmungsvoraussetzungen immer wieder nur bestätigen. Das Ausmaß des Irrtums läßt sich leicht am Beispiel der regionalen Baustile erklären. Es handelte sich dabei keineswegs um unwillkürliche, genetisch wahrhaftige Formausflüsse, sondern um Bausysteme, die über längere Zeiträume immer wieder durchrationalisiert worden waren. Die Gleichförmigkeit und Monotonie ergaben sich nur aus den ökonomischen Bedingungen, resultierten aus der materiellen Not. Sobald aber dauerhaft Reichtum und Überfluß herrschten, wurden die Monotonie aufgegeben und eine Vielfalt individueller Formen trat an ihre Stelle.

Mit der Industrialisierung hatten sich also nur die Voraussetzungen geändert, in ökonomischer Hinsicht verbessert, ansonsten stellte die neue Massenproduktion eine logische Weiterentwicklung der regionalen Bautraditionen dar. Die großserielle Herstellung entsprach der Rationalität der Entwicklung.

Der Heimatstil mußte aber die Logik dieses Fortschritts in Abrede stellen und die Irrationalisierung der Gegenwart betreiben, denn es ging nicht nur um die Bewahrung einer durch die Großserien bedrohten Individualität, sondern auch und vornehmlich um berufsegoistische und standesbewahrende Ziele. So nahm das Unheil seinen Lauf.

Moderne

Eigentlich gehört die Moderne nicht in diese Untersuchung, weil sie zu keiner Zeit den Status der Volkstümlichkeit erreichen konnte, auch nach dem 2. Weltkrieg nicht, als sie in Westdeutschland unter besonderen staatlichen Schutz gestellt wurde. Dennoch sei sie hier kurz erwähnt, weil sie zumindest den Anspruch auf allgemeine Verbindlichkeit erhob, ohne sich allerdings je wirklich volkstümlich zu gebärden. Wegen der beanspruchten Gültigkeit bestimmte die Moderne auch die Reaktionen der kulturellen Gegner, die sich zwischen den beiden Weltkriegen immer enger mit rechtsradikalen politischen Kräften verbündeten.

Für diese Entwicklung bietet die Geschichte Weimars wieder interessante Beispiele und ein weiteres kleines Haus an. Es handelt sich um das sogenannte Haus am Horn, das 1923 im Zusammenhang mit einer von der Landesregierung erzwungenen Leistungsschau des Bauhauses errichtet wurde, und das aufgrund der überwiegend negativen Kritik den 1924/25 erfolgten Abgang des Bauhauses einleitete. Das war nach der erzwungenen Flucht Henry van de Veldes die zweite Niederlage der Moderne in Weimar.

33. Georg Muche, Walter Gropius, Haus am Horn in Weimar, Ansicht 1923, Kunstsammlungen Weimar

Diejenigen Kunstprofessoren, die bereits vor der Gründung des Bauhauses 1919 in Weimar unterrichteten, vollzogen 1921 eine Trennung von diesem Schulexperiment und gründeten am gleichen Ort eine eigenständige, traditionelle Akademie. Daraus entstanden administrative und kulturpolitische Konflikte, und die Landesregierung forderte in diesem Zusammenhang eine Leistungsschau des Bauhauses, die dann auch 1923 stattfand. Ein kleines Einfamilienhaus, komplett eingerichtet und ausgestattet durch die Bauhaus-Werkstätten, bildete das Zentrum der Veranstaltung.

Dieses Haus, gelegen am Ende der Straße „Am Horn", die den Ilmpark oberhalb Goethes Gartenhaus nördlich abschließt, war als Musterhaus einer seriellen Herstellung geplant. Im Anschluß an die Ausstellung sollte das freie Gelände oberhalb des Grundstücks mit einer ersten Siedlung diesen Typs bebaut werden. Daraus erklärt sich die große Bedeutung, die auch die Gegner der Moderne diesem Objekt beimaßen. Die Idee eines Fertighauses war einerseits noch neu, andererseits folgte sie einer herstellungstechnischen Logik, die das Vorhaben praktikabel erscheinen ließ, was deswegen besonders kritisch untersucht wurde.

Wie die meisten Experimentalbauten war auch dieser verunglückt. Den schulinternen Wettbewerb um den Entwurf hatte der Maler Georg Muche, der mit seiner Familie auch hier wohnen wollte, gewonnen, womit sich gegen den Rat des Architekten Gropius eine laienhafte Form durchsetzte. Das Haus beschreibt im Grundriß ein Quadrat von etwa 12,0m Kantenlänge, in dessen Mitte ein ebenfalls quadratischer Zentralraum von 6,0m Kantenlänge liegt, der den Dachhorizont laternenartig überbaut. Diese Wohn- und Lebensmitte umzingeln dann die übrigen Räume, besser gesagt Kammern, die für die Benutzung durch eine vierköpfige Familie mindestens notwendig waren. Besonders der Zentralraum ist deswegen mißglückt, weil er neben einer Arbeitsnische noch drei weitere Türöffnungen besitzt, die ihn wie einen Flur, wie eine Verkehrsfläche wirken lassen. Das von oben einfallende Licht, der im Verhältnis zur Grundfläche zu hoch geratene Raum erwecken außerdem einen schachtartigen Eindruck. Der Grundriß ist ein Bild, ein Quadrat im Quadrat, anschaulich aber nur auf dem Plan, da die Verhältnisse der geschlossenen Räume zueinander unsichtbar bleiben. Der Aufwand war also weitgehend umsonst. Fachleute wie Gropius konnten leicht ahnen, daß Muches Hoffnung, die Klarheit der Aufteilung würde sich auch im Objekt selbst vermitteln, enttäuscht werden würde.

Das eingeschossige Haus steht frei und ohne achsiale Beziehung zur baulichen Umgebung auf einem großzügigen Gartengelände, das Flachdach wird überragt von einer Laterne, die an zwei Seiten mit flachen Oberlichten durchfenstert ist. Die Mittelfelder der Fassaden springen jeweils um einen halben Stein zurück, die Fenster weisen ein fast quadratisches und liegendes Format mit drei Teilungen auf und sind unregelmäßig auf den Fassaden verteilt. Der ursprünglich hellgraue Verputz verdeckt die großformatigen Betonschlackensteine des Rohbaus, der in doppelter Schale mit Torfoleumplatten dazwischen ausgeführt wurde.

Die unregelmäßige Verteilung der Fenster ignoriert die symmetrische Gliederung der Fassaden, die durch die zentrale Laterne noch zusätzlich betont wird. So macht auch das Äußere einen eher unbeholfenen, gestalterisch unprofessionellen Eindruck.

Schließlich geriet das Projekt durch die galoppierende Inflation 1923 auch kalkulatorisch außer Kontrolle. Einzig positiv und zukunftsträchtig nahmen sich einige bautechnische Weiterentwicklungen aus, so zum Beispiel die großformatigen Betonschlackensteine des Rohbaus, der doppelschalig mit Torfoleumplatten dazwischen schnell, kostengünstig und mit ausreichender Dämmung ausgeführt werden konnte. Auch bei den Decken kamen neue, wirtschaftliche Betonhohlsteine zur Anwendung. Zu den Neuerungen zählten noch keramische Lüftungsschornsteine, ein Drehkippfenster, das in der Küche eingebaut wurde, und Fußleisten aus Opakglas. Weniger vorbildlich in technischer Hinsicht waren die extrem flachen Dächer mit Innenentwässerung, die aber wenigstens das Ergebnis brachten, diese Konstruktion nicht mehr zu wiederholen.

Ansonsten stellte das Haus durchaus einen bautechnischen Fortschritt dar, der deswegen nützlich war, weil mit einer weiteren Entwicklung in dieser Richtung die damals auch schon zu hohen Baupreise gesenkt und auf ein sozial verträgliches

Niveau gebracht werden konnten. Dazu zählte nicht nur die Beschleunigung des Bauprozesses durch Vorfertigungen, sondern auch die großserielle Herstellung und deren Anwendung in Form von größeren Siedlungen, die schon 1922 in Bauhaus-Kreisen diskutiert wurde. Die Wiederentdeckung des in künstlerisch ambitionierten Architekturkreisen lange abgelehnten industriellen Bauens war im ökonomischen, sozialen und volkswirtschaftlichen Sinne reine Notwendigkeit. Infolge des Ersten Weltkriegs herrschte eine allgemeine Armut, die es unmöglich machte, eine handwerkliche, das heißt anachronistische und daher teure Bauproduktion zu unterhalten. Die Wiederaufnahme der Massenproduktion im Bauwesen, wie sie im ausgehenden 19. Jahrhundert für die damaligen Verhältnisse schon erfolgreich betrieben worden war, schien nun unausweichlich, und es gereicht dem Bauhaus sicherlich zur Ehre, dafür neue, den geänderten Verhältnissen angepaßte Formen entwickeln zu wollen.

Berechtigterweise ließen sie sich nicht von der konservativen Kritik beirren, die ihnen nach dem wenig erfolgreichen Experiment am Horn entgegenschlug, die den Ausbau einer Siedlung verhinderte und schließlich auch die Kapitulation der Bauhäusler in Weimar erzwang.

Dennoch gelang es dem Bauhaus und allen anderen Vertretern der klassischen Moderne zu keiner Zeit, einen entscheidenden kostensenkenden Einfluß auf das gesamte Baugeschehen zu nehmen und damit letztlich die politische Katastrophe abzuwenden, denn die Weimarer Republik scheiterte unter anderem auch wegen der ständig steigenden Wohnungsnot. Es stellte sich schon im Laufe der frühen 20er Jahre heraus, daß die von aufgeschlossenen Bauherrn bei der Moderne in Auftrag gegebenen Villen und Einfamilienhäuser zwar geeignet waren, Formexperimente durchzuführen und anschauliche Beispiele gestalterischer Qualität zu liefern, aber eine Verbesserung des Preis-Leistungs-Verhältnisses ließ sich damit nicht erzielen. Denn die überwiegend konservativ und daher schlecht geführte deutsche Bauindustrie übernahm die Arbeitsergebnisse, die Formvorschläge der Moderne nicht in ihre Produktionsprogramme. Sie fürchtete den Verlust der konservativen Kundschaft und stellte sich lieber auf einen Verdrängungswettbewerb ein, als mit billigen Großserien den Durchbruch zu wagen. Daher zwangen sie die Vertreter der Moderne zu Garantieabnahmen von Stückzahlen, die die Aufnahme einer entsprechenden Massenproduktion zum sicheren Geschäft werden ließ. Das konnte den wenigen Architekten dieser Richtung bei der allgemein schlechten Auftragslage kaum gelingen. Außerdem fehlte es an der politischen Unterstützung für die dazu notwendigen Großsiedlungen. Nur einige sozialdemokratisch regierte Kommunen wie zum Beispiel Frankfurt griffen mit öffentlichen Bauprogrammen in das Geschehen ein, konnten aber die Wohnungsnot damit nur punktuell lindern.

Der Fehler lag aber nicht nur bei der Industrie, sondern auch bei den Gestaltern. Spätestens mit dem Umzug nach Dessau 1925 gab das Bauhaus die anfänglichen, oft esoterisch motivierten Übungen im Handwerklichen auf und strebte eine engere Zusammenarbeit mit der Industrie an. Zu diesem Zweck entwickelten die Bauhäusler neue Formen, die das typisch industrielle Material nicht verdeckten, sondern zum Thema der Inszenierung erhoben. Stahl, Glas, Beton, Keramik und Kunststoffe sind verformbar, von unbestimmter Form, deswegen konnte der vom Bauhaus beabsichtigte spezifisch industrielle Formenkanon nicht aus dem Material herausgearbeitet, sondern mußte aus anderer Quelle kommend an das Material herangetragen werden.

34. Peter Keler, Kinderwiege, 1922, Kunstsammlungen Weimar

Zum Ausgangspunkt dieses Formenkanons wurden die geometrischen Grundfiguren Kreis, Quadrat und Dreieck sowie die drei Primärfarben. Diese elementaren Gestaltungsmethoden wurden, solange Johannes Itten, Gertrud Grunow, Georg Muche und andere Gesinnungsfreunde wesentlichen Einfluß auf die Schule hatten, esoterisch aufgefaßt. Demnach handelte es sich um ewig gültige Gestaltungs- und Proportionsregeln, die man schon in der Antike, besonders aber beim mittelalterlichen Kathedralbau praktizierte, und die aus dem künstlerischen Urempfinden des Menschen entstammten, das sich über Material und Technik, über alle Einflüsse und Bedingungen hinwegsetzt. Also waren die gestalterischen Grundelemente auch geeignet, die industriellen Produkte in Form zu bringen.

Mit der Umsiedlung des Bauhauses nach Dessau 1925 trat diese Begründung stark zurück. Stattdessen galten die geometrischen Formen eher als Symbole einer mathematisch-präzisen, technisch-maschinellen Herstellung, das heißt, als Ausdrucksform des Geistes, des Intellekts, des erfinderischen Verstandes, der jedes Material beherrscht und ihm seine Formen aufzwingen kann. Der Geist formt also die Materie, nicht die

Materie den Geist. Die Form wurde damit zum Produkt eines über der Materie, über den natürlichen Bedingungen erhabenen Geistes. So erhielt die Form eine überragende, ideale und absolute Bedeutung, die ihren Ausdruck in der strengen Beachtung des Grundkanons fand. Dieser aus den elementaren Figuren und Farben bestehende Kanon verhinderte auch die Gefahr einer gestalterischen Willkür.

Die Form suchte sich also das Material, das der Idee die beste Wirkung verschaffte. Mit glatten, dichten, polierten Oberflächen, scharfen Kanten und Konturen ließ sich ein Ausdruck von größtmöglicher Exaktheit, Klarheit und Unmißverständlichkeit erzielen; mit verformbaren Materialien wie Stahl und Beton ließ sich die Überwindung von physikalischen Bedingungen, von Traditionen, Konventionen, überhaupt Einschränkungen aller Art sinnfällig und expressiv darstellen.

Die meisten Anhänger der Moderne waren also der Auffassung, daß sich der technische und zivilisatorische Fortschritt in der Überwindung von natürlichen, physikalischen Bedingungen und Grenzen äußert, wobei aber die Grenzüberschreitung, die Neulanderoberung nur in der Form des klaren Verstandes, in logischer Form gelingen konnte. Unter der Annahme eines absoluten Formwertes kam es dann zu einer ständigen Ausweitung des Materialbegriffs, die schließlich in der Forderung nach einem neuen Menschen gipfelte, also selbst das Volk als ein formbares Material begriff. Die Gesellschaft sollte nicht durch Traditionen, Konventionen, Machtverhältnisse und Kultur bereits geformt sein und somit den Gestaltern einer volkstümlichen, allgemein verbindlichen Kultur die Bedingungen diktieren, sondern die Gesellschaft sollte sich als neu, als befreit von der Vergangenheit begreifen, damit die Gestalter frei über die Formen verfügen konnten. Nichts sollte dem Entwurf eines neuen, modernen Gesellschaftsbildes im Wege stehen, das auf der gemeinsamen Basis elementarer Grundformen so präzise, logisch und klar wie eine Maschine funktionierte.

Der Verfügungsraum dieses Entwurfs hatte globale Dimensionen, eine örtliche Beschränkung der Logik machte auch keinen Sinn. Die Weltverbesserungs- und Welterlösungsidee der Moderne war keine Einzelerscheinung. Schon seit dem Ende des 19. Jahrhunderts traten solche Entwürfe auf, die mit der Gründung der Olympiade 1896 eine erste praktische Umsetzung erfuhr. Ihr folgten weitere Weltorganisationen, Völkerbünde, internationale politische Vereinigungen bis hin zu dem Versuch, eine einheitliche Weltsprache, Esperanto, zu etablieren und international durchzusetzen.

Die meisten dieser Globalisierungsbemühungen verfolgten das Ziel einer Formvereinheitlichung. Es herrschte also nicht nur bei der Moderne die Vorstellung, daß die Vereinigung zweier unterschiedlicher Teile, Völker, Traditionen, Kulturen, Verfassungen usw. nur dann gelingen konnte, wenn die Teile in einer neuen Einheit völlig aufgingen und verschwanden. Teile, Unterschiede, Dualitäten und Ambivalenzen wurden als Bedrohung, als Konfliktherde angesehen, die durch die große Synthese einer abschließenden Lösung zugeführt und zum Verschwinden gebracht werden sollten. Das daraus theoretisch resultierende Ende jeglicher Entwicklungen stellte auch bei den Vertretern der Moderne den Moment der Erlösung dar.

Der von den Modernen erwünschte neue Mensch, der rastlose Weltbürger, war daher nichts anderes als eine auf dem Globus umher wimmelnde Ameise, die jedoch eigentlich keinen Anlaß mehr zum Reisen hatte, weil überall die gleiche Situation, die gleiche Logik, die gleichen Formen und gleichen Strukturen herrschten.

Die Formergebnisse der Moderne waren also ideologisch bedeutsame Herrschaftszeichen, die ohne eine despotische Gesellschaftsverfassung nicht durchsetzbar und gar nicht sinnvoll gewesen wären. Demokratische Tugenden wie der Respekt vor Minderheiten und die Tolerierung von Gegenmeinungen gingen den Anhängern dieses Stils völlig ab, und an einen Fortschritt aus dem freien Spiel freier Kräfte glaubten sie auch nicht.

Vor dieser Vision verblaßten natürlich die tatsächlichen Probleme und Nöte der Bevölkerung, die nicht im Detail oder gar individuell gelöst werden sollten, sondern nur mit einer generellen Umstrukturierung der Gesellschaft. Die angestrebte Zusammenarbeit mit der Industrie war daher auch nur pathetischer Natur, es ging um die Indienstnahme eines Herrschaftsinstruments zwecks Massenverbreitung der modernen Formideen in allen Lebensbereichen. Dabei verkannten die Modernen die tatsächliche Funktionsweise der Industrie, die ohne eine Massenkundschaft nicht existieren kann, die herstellen muß, was der Markt verlangt, die Entwürfe braucht, die den Geschmack des Publikums treffen und für die schließlich die Veränderung des Geschmacks zuerst eine Frage des Investitionsaufwands und der Gewinnerwartung darstellt. Sie hatten nicht begriffen, daß auf dem industriellen Markt nichts vorgeschrieben sein darf, um alles anbieten und verkaufen zu können.

Durch den Marktgang der Moderne wurden aus den sehr konsequent ausgearbeiteten Kunstwerken exotische, den meisten Kunden völlig unverständliche Warenangebote, die nur als Komplettsatz, als Gesamtausstattung gekauft werden konnten, da sie mit anderen Produkten nicht kombinierbar waren. In das Haus am Horn konnte man keine anderen Möbel stellen, als die von den Bauhaus-Werkstätten hergestellten, auf die Architektur exakt abgestimmten. Die Benutzung und der Konsum setzte Gesinnungsgenossenschaft voraus, die Moderne wurde zum Etikett einer intellektuellen Elite und erreichte nie die soziale Kompetenz, die sie aber ständig beanspruchte.

Altdeutsch

Nach dem ersten Weltkrieg verlor der theoretisch fundierte Heimatstil zunehmend an Kraft, geriet in die Defensive und ging schließlich mit dem Beginn des Dritten Reiches unter, für das er soviel vorbereitende Arbeit geleistet hatte.

Folgt man den Einlassungen des Heimatstils zu seiner Verteidigung, war die Moderne, die sogenannte klassische Moderne, Schuld an seinem Siechtum. Bei genauerem Hinsehen stellt sich jedoch heraus, daß dies nicht der Wahrheit entspricht. Der Heimatstil erlag eigentlich einem wesentlich mächtigeren Feind, den er allerdings aus taktischen und strategischen Erwägungen nicht offen zu bekämpfen wagte, nämlich der Industrie. Nach dem 1. Weltkrieg brauchte die Industrie ein neues Formenrepertoire für ihren notwendigen kommerziellen Erfolg. Dabei folgte sie nur dem mehrheitlichen Kundenwunsch, den der Heimatstil bereits vor dem Krieg erfolgreich angestachelt hatte, womit dann die bis heute kaum gebrochene Karriere des „Altdeutschen“ begann. Die Formergebnisse lassen sich auch heute noch in jedem Möbelgeschäft bewundern, da dieses Sortiment weiterhin bis zu 60 % des Umsatzes ausmacht.

Im Prinzip verfuhr die Industrie dabei nicht anders als zur Zeit des Historismus, nämlich durch Ankleben von Attrappen auf Konstruktionen, die aus unansehnlichen Industriematerialien bestanden. Bei den Formvorlagen für die Kulissen kam es nach dem Krieg nicht mehr auf Stilgenauigkeit im kunsthistorischen Sinne an, es blieb bei Andeutungen von Altertümlichkeit möglichst unklarer Herkunft. Dafür mußte aber mehr Wert auf Materialsurrogate gelegt werden, es reichte nicht mehr Marmor mit Gips zu imitieren oder historische Architekturformen in Gußeisen zu übersetzen. Es mußten mindestens Furniere sein, die über die Sperrholzkerne gezogen wurden, ebenso wie Klinker- oder Natursteinplatten die betonierten Rohbauten der Häuser verkleideten. Um diese Herstellungsverfahren noch weiter zu vereinfachen und die Preise der Konkurrenz unterbieten zu können, kamen immer mehr Materialimitationen auf Kunststoffbasis zum Einsatz – Kunststeine, Kunstleder usw., da die Synthetisierungen immer noch kostengünstiger waren als die Verarbeitung von Naturstoffen.

Die Industrialisierung des Heimatstils führte aufgrund des günstigen Preis-Leistungsverhältnisses zu einer Popularisierung dieser Formensprache auch bei der Arbeiterschaft, die aufgrund ihres geringen Einkommens auf solche Billigangebote angewiesen war. Die geringen Einkommen veranlaßten die Kundschaft auch zum Kauf preiswerter Kunstdrucke, von deren Absatz die erste und zweite Schülergeneration des Leibl-Kreises leben mußte, indem sie ihre Werke an die Verlage zur Massenvervielfältigung verkauften. Der Heimatstil hatte sich als Hauptlieferant für Billigproduktionen aller Art etabliert, dazu gehörten auch leicht konsumierbare, anspruchslose Heimatromane, Heimatmelodien, Heimatfilme usw.. Mit dem Verlust der Exklusivität, des künstlerischen Prestige und der Materialehrlichkeit ging auch das finanzkräftigere bürgerliche Publikum und schließlich auch die politische Unterstützung allmählich verloren.

Es blieben also nach dem Ersten Weltkrieg nur wenige Dogmatiker wie Paul Schultze-Naumburg übrig, die sich den Luxus einer Prinzipientreue leisten konnten. Deren Materialmoral ließ eine gestalterische Bearbeitung synthetischer Materialien nicht zu, da das Synthetische keine bestimmbare, organische Struktur hatte, die zum Ausgangspunkt der Formbestimmung werden konnte. Da die organischen Materialien wegen ihrer Unbrauchbarkeit für die industrielle Herstellung zugunsten synthetischer Stoffe immer mehr verdrängt wurden, schnitt sich der Heimatstil selbst die Möglichkeit einer Weiterentwicklung ab. Im Laufe der 20er Jahre mehrten sich in den Publikationen daher die defensiven Töne, der Heimatstil hatte sich festgefahren, neue künstlerische Ideen waren nicht mehr hinzugekommen, weshalb die Kunstpresse auch allmählich das Interesse an der stagnierenden Entwicklung verlor und sich zunehmend auf die Besprechung der wesentlich attraktiveren Moderne verlegte.

Nationalsozialismus

So traten die alten Heimatbewegten auf der Stelle und führten einen Verteidigungskrieg, der gegen Ende der 20er Jahre immer deutlicher politische und parteipolitische Züge annahm. In dieser depressiven Zeit kam es zu einem Bündnis mit der ebenfalls in ihrer Existenz bedrohten Handwerkerschaft, mit Teilen des Bildungsbürgertums, mit dem produzierenden und handelnden Mittelstand, dem Kleingewerbe, die alle von der fortlaufenden, krisenbedingten Kapitalkonzentration aufgefressen wurden. Durch das Zusammentreffen quasireligiöser Kultursehnsüchte und profaner berufsständischer und existentieller Interessen entstanden auch hier Gesellschaftsentwürfe, die sich gegen den demokratischen Statusquo der Weimarer Republik richteten.

Abgesehen von einigen radikalagrarischen Wahnideen liefen die meisten Vorschläge auf eine Trennung der Arbeitsbereiche und Märkte von Industrie und Handwerk hinaus. Das hieß nichts anderes, als die Herstellung eines staatlich geschützten und geförderten Sonderwirtschaftsraumes für das Handwerk und die mittelständischen Betriebe, der mit einer Beschränkung des industriellen Angebots auf unbedingt notwendige technische Geräte verbunden war. Im Zuge dieser Derationalisierung, dieser Produktivitätslähmung sollten ohne wesentlichen Verlust an technischen Errungenschaften und Komfort wieder mehr und besser bezahlte Arbeitsplätze entstehen.

Man beabsichtigte also keine Rationalisierung und damit Verbilligung der Bauproduktion, um Wohnraum herzustellen, der den realen Einkommensverhältnissen der Bevölkerungsmehrheit entsprach, im Gegenteil, der Staat sollte mittels Arbeitsbeschaffungsprogrammen und anderen Methoden der Marktregulierung dafür sorgen, daß sich die Menschen diese überalterte und daher überteuerte Architektur wieder leisten konnten.

Die Lösung des Problems lag in der Abschaffung der Demokratie, in der Abschaffung freier Märkte, in der Einführung autoritärer Verhältnisse, die dem Bündnis für überflüssige Arbeit die Existenz sichern konnten. Zum Zwecke der Mehrheitsbeschaffung für diesen Plan wurden Feindbilder propagiert. Die Moderne bezichtigte man, einen total industrialisierten Ameisenstaat herbeibauen zu wollen, wie er in der kommunistischen Diktatur der Sowjetunion bereits politisch vorformuliert war. Dabei halfen angeblich die ‚geschäftigen Juden', die, der rassistischen Propaganda nach, die Formdiktatur der Moderne ausnutzten, um auf dieser totalitären Basis die gesamte Welt unter ihre Herrschaft zu bringen.

Trotz der Absurdität schlug diese Argumentation bei der Masse ein, da sie negative Resonanzen verstärkte und bis zur Aggression steigerte. Die Bevölkerung lebte seit dem Ende des Ersten Weltkriegs in ständiger Furcht vor der Verarmung und dem sozialen Abstieg; nun wurde noch der Verlust der Souveränität, der Kultur und der altdeutschen Gemütlichkeit, der

Verlust des trauten Heims, des letzten Rückzugsraums und der letzten Sicherheit vorausgesagt – eine Prognose, die sich bewahrheiten sollte, aber nicht durch die Juden, sondern durch die Deutschen selbst verursacht.

Der von den Vertretern des Heimatstils erhoffte Profit aus dieser so erfolgreichen Politisierung der Kultur blieb allerdings aus. Die Nationalsozialisten, denen sie damit an die Macht geholfen hatten, zogen die besonders orthodoxen Vertreter der Blut-und-Boden-Theorie sofort aus dem Verkehr. Sie beugten damit einer nicht zu unterschätzenden ideologischen Gefahr vor, denn der Heimatstil war im Kern immer noch eine antiindustrielle und antinationalistische Bewegung, die sich nach der Wiederbelebung provinzieller Kulturtraditionen und Handwerklichkeit sehnte, womit man weder einen Staat noch einen Krieg machen konnte.

Die Nationalsozialisten aber brauchten Massenzuspruch zur Verwirklichung ihrer kriminellen Absichten und ein möglichst homogenes, uniformiertes Erscheinungsbild als Ausdruck des Führerprinzips. Am einfachsten ließ sich dieses propagandistische Ziel dadurch erreichen, daß eben jene populäre, kommerzielle, industrialisierte, altdeutsche, triviale Kultur zur deutschnationalen Hochkultur erklärt wurde.

BRD

Das Altdeutsche überlebte das Dritte Reich weitgehend unbeschadet, obwohl die Diktatur sich zu Propagandazwecken dieser Kulturform am meisten bedient hatte. Dieses Erbe konnte allerdings schnell abgestreift werden, indem man die Etikettierung als deutscheigentümliche Nationalkultur wieder entfernte. Das Altdeutsche und Heimatliche bekam dadurch einen ausschließlich folkloristischen und unterhaltenden Charakter, die

Form dekorierte die historischen Volks- und Stadtfeste, touristische Veranstaltungen, mundartliche Theater- und Musikdarbietungen und fand Verwendung im Haus, in der Privatsphäre. Der Wirkungsraum dieser Kultur begrenzte sich auf das Private, Lokale und bestenfalls Provinzielle, das heißt auch, so gut wie alle politischen Dimensionen gingen verloren.

In einigen Fällen kam es allerdings zu Koalitionen zwischen Folklore und Politik, wie zum Beispiel in Bayern, wo die CSU intensive Beziehungen zu den heimatlichen Kulturtraditionen unterhielt und unterhält. Es wäre jedoch verfehlt, dies als eine Politisierung der Kultur zu bezeichnen, es handelt sich lediglich um einen Gestus der Volksverbundenheit. Das Volk, die Kunden, Konsumenten und Enthusiasten äußern sich in dieser Kultur und bestimmen deren Formen, die Politik demonstriert nur Zustimmung, ohne die Kultur umzufunktionieren, weil das auf ein Ende des Massenzuspruchs hinauslaufen würde.

Ansonsten wurde das Altdeutsche zu einem Kulturphänomen, das schließlich nur noch diejenigen konsumierten, die an Kultur und Bildung nicht sonderlich interessiert waren und in diesen Bereichen keinen Aufwand betreiben wollten.

Im Westen tauchte die Heimat als Gegenstand kultureller Auseinandersetzungen im Laufe der 80er Jahre wieder auf, und zwar infolge einer vermehrten Darbietung volkstümlicher Kulturformen anderer Länder, die hauptsächlich bei jüngeren Generationen auf Interesse stießen, vor allen Dingen dann, wenn diese Kulturen exotisch, das heißt in den Massenmedien wenig oder gar nicht präsent waren. Dazu kam eine positive Neugier gegenüber den zahlreichen Kulturformen, die sich mit dem Zuzug von Gastarbeitern schon seit den 60er Jahren in Westdeutschland etabliert hatten, wo sie allerdings eine Hinterhof-Existenz führen mußten, nicht nur aus ökonomischen Gründen, sondern auch, weil die überwiegende Ablehnung und Skepsis der älteren Deutschen keine andere Möglichkeit zuließ. Im Zuge dieses Folklorismus, der zum Teil auch als Gegenposition zu einem älteren, etablierten Kulturbetrieb verstanden wurde, kam es auch in der deutschen Produktion zu einer neuen Heimaterkundung. Diese war allerdings keineswegs idyllischer Natur, sondern eher reportagehaft bis sozialkritisch. Um keine Verwechslung mit den Traditionen der kommerziellen Kunst und deren Heile-Welt-Szenarien aufkommen zu lassen, hielt man den Blick strikt auf die Gegenwart gerichtet und wählte betont moderne, zeitgenössische Darstellungsformen. Außerdem vermied man erfolgreich die Verwendung von nationalen Begriffen und Symbolen, beschränkte die Bearbeitung auf lokale, bestenfalls regionale Themenbereiche. Der moderne, kritische und realistische Regionalismus spielte sich hauptsächlich in der Musikszene, dem Film und Fernsehen der 80er Jahre ab und fand eine Generations- und Bildungsschichten übergreifende Zustimmung, was beweist, daß das Heimatverständnis wie schon vor 100 Jahren ausschließlich auf den nahen, regionalen Umraum bezogen ist.

Der Nationalbegriff hat also in Westdeutschland aufgrund der regionalistischen Traditionen vornehmlich staatsrechtliche und parteipolitische Bedeutungen, und die Begeisterung für die deutsche Fußballnationalmannschaft hatte jedenfalls bei der Mehrheit keine explizit politischen Hintergründe und ganz sicher keine kulturellen. Deswegen gab es bei der schon seit 1945 vorbereiteten europäischen Vereinigung und anderen Internationalisierungsbemühungen keine volkstümlichen Widerstände. Reiseerleichterungen und ein reicheres Warenangebot sorgten besonders auch bei den älteren Menschen, die schlechte Zeiten erlebt hatten, für positive Erwartungen an diese Entwicklung.

Es käme erst dann zu Problemen, wenn regionale Kulturstrukturen angetastet würden, wenn populäre Eigentümlichkeiten, traditionsbedingte Abweichungen von der Euro-Norm dem Zusammenhalt der Staatengemeinschaft geopfert werden müßten. Das gilt insbesondere für den deutschen Raum, wo sich die Bevölkerung stärker mit der Region, der Provinz oder nur der Stadt identifiziert als mit dem Nationalstaat, der immer eine abstrakte und deswegen leicht ersetzbare Größe geblieben ist.

DDR

Anders verlief die Entwicklung in Ostdeutschland. Nach einer kurzen kulturpolitischen Orientierungsphase griff die DDR spätestens Anfang der 50er Jahre die wesentlichen Argumente des Heimatstils wieder auf und versuchte daraus eine sozialistische Nationalkultur zu formulieren. Es handelte sich dabei um eine Fortsetzung der nationalsozialistischen Kulturpolitik, die das Konglomerat der Regionalstile zu einem deutschnationalen Kulturbrei umdefinierte.

So sollten die durch den Krieg zerstörten, traditionellen Orts- und Stadtbilder im Regionalstil wieder vervollständigt und weiter ausgebaut werden, um eine volkstümliche Erwartungshaltung zu befriedigen und den Bewohnern eine Identifikation mit dem Ort zu ermöglichen. Auch in der Kunst, Musik und im Kunsthandwerk war eine Durchsetzung dieses Stils beabsichtigt. Es stellte sich allerdings sehr schnell heraus, daß sich die DDR eine dazu notwendige unökonomische Herstellungsweise in der Bauproduktion und in den Gebrauchsgüterbranchen nicht leisten konnte, so blieb es hier bei Lippenbekenntnissen.

Die Gründe für die Neubelebung der Heimatidee lagen vor allem darin, daß sich die politische Führung der DDR einen populistischen Auftritt verschaffen und daher ein gerade in den Unterschichten vorhandenes Kulturniveau treffen wollte. Deswegen bekam die politisierte Heimatkunst der frühen DDR einen holzschnittartigen und betont primitivistischen Charakter als Identifikationsangebot an das Volk.

Die Betonung und Weiterverarbeitung nationaler Kulturtraditionen diente der DDR außerdem zur Behauptung ihrer staatlichen Souveränität, die in vielen Ländern und auch bei Teilen der eigenen Bevölkerung nicht anerkannt war. Im Laufe der 70er Jahre verloren sich der Primitivismus und die Volkstümlichkeit in der staatlichen Heimatkunst und wurden ersetzt durch eher akademische Geschichtsreflexionen. Die Kunstproduktion setzte sich dann vermehrt mit nationalen und historischen Emanzipationsbewegungen auseinander ohne Festlegung auf einen leicht verständlichen Vortragsstil.

Schließlich ließen sich auf der Basis einer eigenständigen Nationalkultur leichter Feindbilder erzeugen. Diese richteten sich vornehmlich gegen die amerikanische Kommerzkultur, die dem westdeutschen Volk der Propaganda nach aufgezwungen worden war.

Vieles deutet darauf hin, daß diese nationalisierten Kulturformen Staatseigentum geblieben sind und vom Volk nur als Herrschaftszeichen gewertet wurden. Eine echte Heimat- und Volkskultur als Gegengewicht zur Staats- und Akademiekunst konnte sich daneben nicht etablieren, nicht weil sie verboten war, sondern weil es keinen freien Markt gab, ohne den aber eine Volkskunst nicht existieren kann. Das heißt, reine Volkstümlichkeiten waren schon vorhanden und wurden auch praktiziert, sie hatten aber einen ambulanten und keinen professionellen, kommerziellen Status und nur darin unterschieden sie sich von der gleichzeitigen Volkskultur im Westen.

So war der Prozeß der Wiedervereinigung nur anfangs von einigen nationalistischen Phänomenen begleitet, die allerdings mit dem Ende der allgemeinen Euphorie untergegangen sind. Zur Zeit wird an der Rekonstruktion einer regionalen Identität gearbeitet.

Die DDR wurde von einem im Ostblock führenden, modernen und vergleichsweise reichen Industriestaat zu einer rückständigen, ökonomisch unselbständigen Westprovinz, deren Eigentümlichkeiten durch den Beitritt zur Bundesrepublik nicht aufgehoben und durch Verallgemeinerungen nicht zum Verschwinden gebracht werden konnten. Deswegen ist die zweite Phase der Vereinigung heute von den Bemühungen bestimmt, die vorhandenen Unterschiede zu Westdeutschland und Westeuropa positiv umzudeuten. Die mehrheitlich verfolgte Strategie zielt darauf, die Verantwortung für die wirtschaftlichen Schwierigkeiten des ökonomischen Umbaus von den regionalen, provinziellen Eigentümlichkeiten abzuwälzen und einer verfehlten Bundespolitik anzulasten. Auf der Suche nach dem Provinzialstolz kommt es logischerweise zu einer Rehabilitierung der DDR, da die meisten der Eigentümlichkeiten erst dort und nicht schon in früheren Zeiten entstanden sind. Der hohe Stimmenanteil der PDS bei den letzten Wahlen erklärt sich daraus. Dabei geht es nicht um die Rekonstruktion der politischen und wirtschaftlichen Strukturen der DDR, im Gegenteil, die Rehabilitierung bezieht sich nur auf die gelebten Verhältnisse, auf die volkstümlichen Kultur- und Lebensformen, während die politischen und wirtschaftlichen Desaster der DDR davon getrennt in die Verantwortung der staatlichen Organe fallen.

Die PDS ist also eine Heimatpartei, die von ihrer Wählerschaft den Auftrag hat, den provinziellen Lebensformen, dem eigentümlichen Selbstverständnis mehr Respekt und politische Berücksichtigung zu verschaffen. Würde die Partei aber die Rückkehr zur Planwirtschaft oder überhaupt ein abstraktes politisches Ziel verfolgen, wäre das ihr sofortiges Ende. Der Erfolg liegt in einer fortwährend zunehmenden Identifikation der Partei mit einer generationsübergreifenden Volkstümlichkeit und Volkskultur, die sie heute schon eher vergleichbar macht mit der bayrischen CSU als mit der ehemaligen SED.

An dieser jüngsten deutschen Geschichte läßt sich also die Kontinuität des provinziellen Heimatbegriffs belegen, der trotz jahrhundertelanger Indoktrination der Nationalidee erfolgreich widerstanden und die Entwicklung einer spezifischen, überregionalen Nationalkultur verhindert hat. Dennoch blieb der politische Separatismus, die Rückkehr zur deutschen Kleinstaaterei im 20. Jahrhundert ohne Mehrheit. Diese Paradoxie wurde ermöglicht durch eine verfassungsmäßig abgesicherte Überregionalisierung der Märkte und Wirtschaftsformen, die dennoch das Überleben einer heimatlichen, regionalen Kultur zuließ und so zu einer friedlichen Koexistenz zwischen regionalen und überregionalen Lebens- und Kulturformen beitrug. Die Regionalisierung der Märkte hätte in Deutschland genauso katastrophale Folgen wie die Zerschlagung einer volkstümlichen, provinziellen Kultur. Es muß also die Tendenz verhindert werden, durch eine falsch verstandene Förderpolitik Sonderwirtschaftsgebiete, also regionale Märkte, zu erzeugen und gleichzeitig zugunsten einer ebenfalls mißverstandenen Völkerverständigung eine stilistische Vereinheitlichung zu erzwingen, da man kulturelle Unterschiede als Schranken, als Behinderungen begreift. Die Vereinheitlichung als Alleinherrschaft eines Prinzips oder Dogmas zu denken und zu betreiben, entstammt einer am Anfang des 20.Jahrhunderts typischen Vorstellungswelt und ist wegen übergroßer Pannenanfälligkeit nicht mehr aktuell.

Die europäische Einigung und eine darüber hinausgehende Globalisierung hängt wesentlich von der Beibehaltung und Förderung regionaler Kultur und von einer starken kulturellen Souveränität der Regionen ab. Erst dann kann auch eine Globalisierung der Märkte erfolgen, die verbunden sein muß mit einer Deregulierung und Einschränkung der Wirtschaftsförderungen. Die sich daraus ergebenden Einkommensunterschiede und -gefälle wirken sich entgegen weit verbreiteter Meinung weniger nachteilig auf die allgemeine Zufriedenheit aus als eine kulturelle Entfremdung des Lebensraums zugunsten einer ort- und zeitlosen, homogenen Globalkultur, die bis hin zu den Stadt- und Landschaftsbildern alles gleich und gleich unerträglich macht.

Wohlstandsempfinden setzt Respekt und Achtung voraus, erfordert also individuelle Unterschiede, und zwar kulturell bedeutende und bedeutsame, deren Erwerb und Pflege eben nur zweitrangig eine Sache der Wirtschaftskraft ist.

Die künstlerische Auseinandersetzung mit der Heimat, ihren Materialien und ihren Traditionen wird auch in Zukunft kein Ausweis einer konservativen oder reaktionären Lebenseinstellung sein, wenn der Unterschied zwischen Heimat und Nationalstaat bewußt bleibt. Erst eine Vermischung der Heimat- und Nationalidee zeigt eine verderbliche Gesinnung an, weil es auf kultureller Ebene keine traditionellen Verbindungen zwischen Region und Staat gibt und weil der Staat keine ihm eigentümlichen Kulturformen hervorgebracht hat. Damit kann es auch keine Besitz- und Vertretungsansprüche auf nationale Kulturtraditionen geben. Alles, was in diesem Sinne erschaffen wird, bleibt künstlich, unwahrhaftig und dient meistens nur Machtzwecken und materiellen Interessen, die nicht wagen, ihr Gesicht zu zeigen.

DIE ARBEIT

Eines der bedeutendsten gesellschaftlichen und politischen Themen des 20.Jahrhunderts war die Arbeit. Sie prägte das individuelle und gesellschaftliche Selbstverständnis und beeinflußte so auch die Kulturgeschichte dieser Zeit, wobei das Verhältnis von Kulturbetrieb und Arbeitswelt immer unorganisch, distanziert und problematisch blieb.

Die Arbeit, genauer die Lohnarbeit, war kein bevorzugtes Motiv der Kunst, da diese eigene, von der Lohnarbeit abweichende Arbeitsbegriffe pflegte. Und dennoch wurde die Kunst immer wieder gezwungen, ihr Desinteresse an der Lohnarbeit zu überwinden, wenn sie nicht unzeitgemäß sein wollte. Die künstlerischen Mitteilungen zu diesem Thema blieben das ganze Jahrhundert daher zwiespältig und mehrdeutig, oft herablassend, falsch pathetisch oder betont ignorant.

Und dennoch sind die Beziehungen zwischen Kunst und Arbeit für das 20. Jahrhundert wichtig und signifikant auch deswegen, weil sie zeitlich zusammenfallen mit der Entstehung und dem Untergang eines eigentümlichen industriellen Arbeitsverständnisses und eines davon stark beeinflußten Kunstverständnisses.

Das Verschwinden des handwerklichen Arbeitsverständnisses

Im Laufe des 19. Jahrhunderts kam es zu einer grundsätzlichen Veränderung des Arbeitsbegriffs. Die Arbeit wurde erstmals systematisiert, vergleichbar und berechenbar gemacht und erhielt damit eine nie zuvor dagewesene gesellschaftliche, politische und ökonomische Bedeutung, die zu den historischen Wesensmerkmalen des folgenden 20. Jahrhunderts aufstieg.

In der Zeit rein handwerklicher Produktionen spielte das Produkt selbst eine entscheidende Rolle, die Arbeit, die es zustande gebracht hatte, blieb dagegen zweitrangig. Die Handwerker bemühten sich selbstverständlich um bildliche, anschauliche Hinweise auf den Arbeitsaufwand: Exakte Ornamente, verzierte Oberflächen und formenreiche Erscheinungen sollten von der artistischen Fähigkeit zeugen und den Preis des Produktes rechtfertigen helfen. Alleine die Fähigkeiten waren immer individuelle, kaum vergleichbar und daher auch nicht exakt berechenbar. So hing der Preis im Kern von der Zahlungsbereitschaft und Zahlungsfähigkeit der Kundschaft ab. Es machte daher einen großen Unterschied, ob der Handwerker für ein durchschnittlich bis wenig begütertes Publikum arbeitete, oder ob er bei einer reichen, privilegierten Kundschaft akzeptiert und geschätzt war, die ihm dann auch größere Gewinnspannen erlaubte.

Das heißt, Material-, Zeit- und Energieeinsparungen bildeten überhaupt kein Herstellungsmotiv, die Verbesserung des Preis-Leistungsverhältnisses lag nur in der Anerkennung außergewöhnlicher Fertigkeiten durch ein zahlungskräftiges Publikum. Das handwerkliche Streben zielte also immer auf das Außergewöhnliche, auf einen hohen Einsatz von Material, Zeit und Energie wenigstens dem Anschein nach und zielte immer auf die Vermeidung von Konkurrenz, die nur Gewinn- und Qualitätseinbußen brachte. Deswegen verdienten die Bauern und Weber trotz des größeren Gebrauchswertes ihrer Produkte gewöhnlich weniger als die Goldschmiede und Gewürzhändler.

Die industrielle Produktion brachte die handwerkliche zum Verschwinden, weil sie herstellungstechnisch und daher auch volkswirtschaftlich ökonomischer war. Damit verloren die handwerklichen Fertigkeiten an kommerzieller Bedeutung und zwar in einem über mehrere Generationen dauernden, oft schmerzhaften Prozeß, der bis heute noch nicht ganz abgeschlossen ist. Zwecks Erlangung ungerechtfertigter Gewinne simulierte die Industrie in einem frühen Stadium der Entwicklung handwerklichen Aufwand. Nachdem sich diese Möglichkeit durch Konkurrenzdruck verschlissen hatte, versuchte man die Anerkennung überragender technischer und maschineller Leistungskraft zur Gewinnmaximierung zu nutzen, was zum Beispiel den Preisunterschied zwischen einem Sportwagen und einem normalen PKW erklärt.

Abgesehen von diesen Sonderwirtschaftsbereichen, die wesentlich von einem altertümlichen, handwerklichen Produktverständnis lebten, erfolgte die preisliche Bewertung eines industriellen Produktes nach ökonomischen Grundsätzen, die sich im Konkurrenzkampf der industriellen Anbieter herausbildeten. Die zur Herstellung notwendige menschliche Arbeit spielte dabei anfänglich eine untergeordnete Rolle gegenüber den Kosten für die Rohstoffe, für die Maschinen, für den Energieverbrauch, die Grundstücke und für das benötigte Kapital. Die Bezahlung der Arbeiter erfolgte einem überkommenen Verständnis nach auf der Grundlage von Fähigkeiten. Doch waren diese nicht mehr erforderlich, da alle handwerklichen Talente wie Zuverlässigkeit, Schnelligkeit, Kraft, Präzision, Ausdauer von Maschinen ersetzt werden konnten. Das rechtfertigte aus der Sicht der Fabrikanten eine geringe Entlohnung der Industriearbeiter. Die Unterbewertung dieser Form von Arbeit entwickelte sich zu einem allgemeinen gesellschaftlichen Problem, nachdem die Industrie gegen Ende des 19. Jahrhunderts zur Hauptwirtschaftsform aufgestiegen war. Die Arbeiter konnten nicht kaufen, was sie herstellten, während diejenigen, die kaufen konnten, nicht ausreichten, um den ständig steigenden Produktionsausstoß abzunehmen.

Die Lösung des Problems lag in der Zunahme der Massenkaufkraft, das heißt in einer besseren Bewertung der industriellen Lohnarbeit, die den Arbeitern eine größere Teilhabe an dem von ihnen produzierten Reichtum ermöglichte. Das geschah aber nur in Form vehementer Interessenskämpfe, da außer den Arbeitern selbst alle anderen gesellschaftlichen Gruppen wegen des Verlustes von Gewinnen, von sozialem Ansehen und Macht diese Entwicklung zu verhindern suchten. Erst im Zuge der harten Auseinandersetzungen etablierte sich ein funktionstüchtiger und allgemein anerkannter Verteilungsschlüssel, der die Ansprüche der Arbeiter auf den gesellschaftlichen Reichtum festlegte und mit den Ansprüchen der anderen sozialen Gruppen verrechenbar machte. Der Schlüssel lag in der Verzeitlichung der Arbeit, da sich die Zeit als eine politisch neutrale, verläßliche, berechenbare und für die industrielle Produktion auch praktische Größe erwies, auf der sich alle weiteren Berechnungen aufbauen ließen.

Die Kostenberechnung und Gewinnverteilung auf Basis der Arbeitszeit, des Stundenlohns entsprach dem industriellen Prinzip der Arbeitsteilung, die Herstellungsprozesse konnten somit in immer kleinere Arbeitsschritte zerlegt werden, die exakt wiederholbar waren, also eine konstante Arbeitszeit verbrauchten, die sich ebenso exakt berechnen und vorausberechnen ließ.

Diese Erfindung und Verabredung, die sich erst mit dem beginnenden 20. Jahrhundert in allen Industrienationen durchsetzte, führte zu enormen gesellschaftlichen Veränderungen. Die Arbeit wurde durch die Verzeitlichung quantifiziert und entindividualisiert, da unterschiedliche individuelle Fähigkeiten keine Bedeutung für die Produktion mehr hatten. Es entstand die Massengesellschaft, Massen von etwa gleich Verdienenden mit gleichem sozialen Rang, gleichen Lebensvorstellungen und Konsumwünschen, was wieder der seriellen Massenproduktion entgegenkam. Der Bedarf an Massenprodukten stieg scheinbar unaufhörlich, die Massenproduktion vereinnahmte immer mehr Menschen und der industrielle Verteilungsschlüssel wurde damit zur verbindlichen Berechnungsgrundlage für den Austausch fast aller Waren und Dienstleistungen, auch wenn diese nicht auf wiederholten und damit exakt berechenbaren Arbeitsschritten beruhten.

Das heißt, die Zeitsystematisierung setzte sich in den nichtindustriellen Arbeits- und Produktionsbereichen ebenfalls durch und zwar auf Betreiben der Berufstätigen, die sich damit dem Markt anpassen und konstante Einkommensverhältnisse erreichen wollten. Zu diesem Zweck kam es in den selbständigen und freiberuflichen Branchen zur Gründung zahlreicher Verbände, die Leistungsstandards, Gebühren- und Honorarordnungen definierten und soziale Sicherungssysteme etablierten. Diese Einführung zeitverschlüsselter Arbeitsbewertungen sorgte schließlich für eine Uniformierung des sogenannten Mittelstands in sozialer, wirtschaftlicher und politischer Hinsicht.

Schließlich ermöglichte die Durchsetzung dieses Verteilungs- und Berechnungssystems auch einen internationalen Austausch von Waren und Dienstleistungen, bildete die wesentliche Gemeinsamkeit aller Industrienationen und sicherte deren ökonomische Herrschaft über alle Völkergemeinschaften, für die solche Zeitbewirtschaftungen fremd waren.

So traten im 20. Jahrhundert neue Kollektive auf, Arbeitskollektive, soziale Kollektive und Konsumgemeinschaften, die alte Kollektive wie Dorfgemeinschaften, Volksgemeinschaften, Gemeinschaften von Untertanen, höfische Gemeinschaften und religiöse Gemeinschaften und deren politische Strukturen ersetzten. Auch dieser Vorgang vollzog sich unter großen Schwierigkeiten, da die Notwendigkeit der Gewaltenteilung nicht oder nicht rechtzeitig erkannt wurde. Statt dessen herrschte vielfach die Vorstellung, daß sich kollektive Interessen nur dann effektiv wahren, durchsetzen und weiterentwickeln ließen, wenn nur ein einziges, konkurrenzloses und allgemeingültiges Prinzip die Politik bestimmte in Form eines allmächtigen abstrakten Staates. Deswegen war das 20. Jahrhundert auch die Zeit der Staatsideen, der Staatsdogmen und geschlossenen Gesellschaftsentwürfe, die nicht nur ein gestörtes Verhältnis zum Individuum, sondern auch und vor allem zur Konkurrenz hatten. Konkurrenz bedeutete Konflikte, Harmoniestörungen, Systembedrohungen, aber auch Fortschritt und Entwicklungsbeschleunigung. In jedem Fall verwendeten fast alle industriellen Staatsformen des 20. Jahrhunderts sehr viel Energie darauf, natürlich entstandene Konkurrenzsituationen durch Ausgleichsbemühungen unter Kontrolle zu bringen, unschädlich und wirkungslos zu machen.

Trotzdem ließ es sich nicht verhindern, daß sich das zeitverschlüsselte Markt- und Wirtschaftsprinzip in einem zur Zeit andauernden, geschichtlich einzigartigen, globalen Prozeß selbst aufhob. Der Konkurrenzkampf erzwang aus mehreren Begründungsschichten eine möglichst vollständige Eliminierung der menschlichen Arbeit aus den Herstellungsprozessen. Das ergab sich logisch aus der vereinbarten Kalkulationsmethode und nicht nur weil sich der Einsatz immer besserer Maschinen, die den Maschinen der Konkurrenz überlegen waren, mehr lohnte als der Einsatz immer besserer Mitarbeiter. Nachdem alle kommerziell effektiven Herstellungsprozesse in kleinste, exakt wiederholbare Arbeitsschritte zerlegt waren, ergab sich erst die Möglichkeit, diese Schritte von einem mechanischen Gerät ausführen zu lassen, dessen Konstruktion auf dem Prinzip der exakten Wiederholung basiert. Da sich nun aber der Preis des Produktes wesentlich aus der geleisteten menschlichen Arbeitszeit errechnete, anders gesagt, der Preis des Produktes mit der Anspruchsberechtigung am meisten belastet war, wurden gezielt Maschinen entwickelt und eingesetzt, die menschliche Arbeit überflüssig machten. Vollautomatisch erstellte Produkte sind also nicht wegen der maschinellen Leistungskraft so günstig, sondern weil sie nicht mehr durch die Anspruchsberechtigungen belastet sind, weil sie aus dem Berechnungsmodus fallen und die herkömmlichen Marktmechanismen unterlaufen.

Auf diese Weise überstieg aber auch die Produktivität der Industrie den allgemeinen Bedarf an Produkten, was zum ersten Mal Ende der 20er Jahren im großen Stil geschah und Banken, Börsen und schließlich auch Regierungen zusammenbrechen ließ. Der darauf folgende Zweite Weltkrieg ließ den Produktionsbedarf weltweit wieder auf ein Ausgangsniveau zurückfallen und bildete damit die Grundlage für die letzte Phase der Industrialisierung. Im Laufe der Nachkriegszeit verlor die Schwerindustrie ihre führende Rolle an die Informationsindustrie. Die Haupthandelsware der Informationsindustrie sind intelligente Bedienungsanleitungen für technische Geräte, welche die Geräte selbst bedienen, den Menschen in dieser Funktion ausschalten und ihm nur noch grundsätzliche Entscheidungen abnötigen, ihn vom Bediener zum Benutzer wandeln.

Infolge dieser Erfindung verschwindet der Bedarf an menschlicher Arbeit, genauer gesagt, der Bedarf an jeder Form von Profit- und Lohnarbeit, übrig bleiben einzig die nicht wiederholten, nicht berechenbaren und daher nicht profitablen Arbeiten. Diese Krise der Arbeit zerstört die Gesellschaftsordnung, zerstört das industrielle Verteilungssystem, hebelt die Anspruchsberechtigungen aus und führt schließlich zu einer

Aufhebung des industriellen Selbstverständnisses der Gesellschaft, beendet das Industriezeitalter.

Leidtragende sind dabei zuerst die Arbeiter, die infolge der Arbeitslosigkeit den Zugang zum Markt verlieren. Ihr Interesse an der Bewahrung des aus technischen Gründen obsolet gewordenen Verteilungssystems ist verständlich, solange keine Alternative vorliegt.

Das Interesse der Kapital- und Produktionsmittelinhaber an einer anderen Gesellschaftsordnung ist ebenso gering, denn auch sie sind Verlierer. Die Vollautomatisierung der Produktionen führt nämlich zu einer Verbilligung der Produkte, so daß selbst bei gleichbleibendem Produktionsausstoß sowohl die Umsätze wie auch die Gewinne dramatisch sinken. Die Entindustrialisierung bedeutet nicht, daß die Herstellung industrieller Produkte zurückgeht oder ganz aufhört, sondern nur, daß die Schwankungen von Angebot und Nachfrage für die menschenleere Produktion bedeutungslos werden, denn die Maschinen kann man einfach abschalten, wenn man sie nicht braucht. So kann eine Versorgung der Bevölkerung mit Produkten aller Art auf einem niedrigen Preisniveau gewährleistet werden, ohne daß diese Produkte allerdings eine marktführende Rolle einnehmen. Ehemalige Konzerne schmelzen in ihrer kommerziellen und damit auch politischen Bedeutung auf die Größe mittelständischer Betriebe ab und versuchen zur Zeit dieser Entwicklung durch Fusionen vorzubeugen, was aber sinnlos ist, da der Prozeß damit nicht angehalten, sondern beschleunigt wird.

Das geringste Veränderungsinteresse haben schließlich der Staat und seine Verwaltungseinrichtungen, da sie die einzigen sind, die von der Krise der Ordnung laufend profitieren. Sie lassen sich das Aufrechterhalten der Ordnung von allen Beteiligten immer teurer bezahlen. Seit Jahren schon versucht der

Staat, durch die Subventionierung von Arbeitsplätzen einerseits die Nachfrage auf einem hohen Niveau zu halten, andererseits die Angebote markt- und konkurrenzfähig zu machen. Die Stärkung der Massenkaufkraft erfolgt gewöhnlich über direkte und indirekte staatliche Hilfen für die Arbeitgeber, wobei die öffentliche Hand hofft, daß dadurch neue Produktionen, neue Angebote und schließlich auch Arbeitsplätze entstehen, die keiner Subvention mehr bedürfen. Besonders große Erwartungen knüpfte man in diesem Zusammenhang an den Aufbau Ost, da man hier einen immensen Nachholbedarf vermutete, wurde ein ganzes Volksvermögen an Steuergeldern in die Wirtschaft investiert und so ein künstlicher Boom erzeugt. Innerhalb weniger Jahre war die Wirtschaft infolge dieser Unterstützung modernisiert und der neue Bedarf ausreichend gedeckt, ohne daß sich der Abbau von Arbeitsplätzen insgesamt auch nur verlangsamt hätte. Statt dessen blähte sich der Staatsapparat auf allen Ebenen personell und finanziell weiter auf, je mehr der Staat in das Marktgeschehen eingriff. Da nun das eigentliche Ziel dieser Politik, die Schaffung neuer Arbeitsplätze in der Wirtschaft nicht erreicht werden konnte, entstanden kontraproduktive Subventionsirrläufe, Sonderwirtschaftsgebiete, Marktverzerrungen und ein Dschungel staatlicher Regulierungen, die aufgrund ihrer Kompliziertheit in ihrer volkswirtschaftlichen Effizienz nicht mehr überprüfbar und demokratisch kontrollierbar sind.

Der permanente Mangel an Arbeitsangeboten auf dem Arbeitsmarkt führte dazu, daß in vielen Bereichen die Teilhabe am gesellschaftlichen Reichtum nicht mehr durch Arbeit, durch Leistung und Effizienz erworben werden kann, sondern vornehmlich durch Privilegien. Die Anspruchsberechtigungen ergeben sich bei den subventionierten Arbeitsplätzen aus Kriterien, die von den Behörden und Interessenverbänden festgelegt werden, die oft nicht marktlogisch, sondern ideologiebedingt sind und deren letztes Ziel naturgemäß die Systemerhaltung ist. Mangel provoziert Unterwerfung, und die Arbeitsplatzerhaltung dient dem Ausbau der Behörden und zugleich der Erhaltung des Bewertungs- und Verteilungssystems, das die Probleme verursacht.

Der hoffentlich vorübergehende Nachteil der Entindustrialisierung besteht darin, daß abermals eine grundsätzliche Veränderung der Gesellschaftsordnung notwendig wird, an der aber keine gesellschaftliche Gruppe Interesse hat. Die Geschichte lehrt, daß denjenigen das Leben bestraft, der zu spät kommt, will heißen, daß die Gesellschaften, die nicht fähig waren, ihre Strukturen neuen Produktionsmethoden und neuen Marktmechanismen rechtzeitig anzupassen, im internationalen Vergleich ins Hintertreffen gerieten und oft bitterlich verarmten zugunsten der Bewahrung einer veralteten Verfassung.

Die Macht der Kultur

Die Reformierbarkeit der Gesellschaft hängt allerdings nicht nur an Machtfragen, von mindestens ebenso großer Bedeutung sind die kulturellen Übereinkünfte und das jeweils herrschende Selbstverständnis der Individuen, das der historischen Erfahrung nach ein zähes Leben hat. Einer bereits von anderen vorgeschlagenen Abschaffung des Verteilungsprinzips Arbeitszeit wurde daher zum Teil vehement widersprochen mit dem Hinweis auf die lebenssinnstiftende Qualität der Arbeit. Besonders pessimistische Prognosen setzen die Erübrigung von Arbeit gleich mit einem völligen Kulturverfall, erwarten, daß Menschen ohne Arbeit in den von den Massenmedien servierten Dauerunterhaltungsbrei einsinken, der sie von der Überflüssigkeit ihres Daseins nur ablenkt. Darin sind nun drei Unterstellungen enthalten, auf die wir im folgenden näher eingehen: erstens wird behauptet, daß Arbeit eine unverzichtbare ethische Qualität besitzt; zweitens wird eine Beziehung zwischen Arbeit und anspruchsvoller, ernster Kultur unterstellt und drittens eine Beziehung zwischen Müßiggang und Scheinkultur konstruiert.

Alle drei Behauptungen erweisen sich bei einer erweiterten historischen Betrachtung als falsch. Träger einer anspruchsvollen Kultur, von der wir heute noch profitieren, waren in der vorindustriellen Zeit meist der Adel, die Kirche und später auch ein Großbürgertum, das mit seiner Kulturförderung aber nur dem Adel nacheiferte. Hauptsächlich diejenigen Mitglieder des Hofstaates, die nicht in die Regierungsarbeit eingebunden waren, nahmen aktiv an kulturellen Veranstaltungen teil, sorgten für eine ständige Steigerung der Qualität und konnten mit dieser Kombination aus Bildung und Unterhaltung überwiegend ein durchaus erfülltes und sinnhaftes Leben führen. Ganz offensichtlich besaß gerade diese höfische Kultur eine so große Attraktivität, daß das Bürgertum seit der Aufklärung und schließlich das ganze Volk seit der französischen Revolution daran beteiligt sein wollte.

Eine spezielle Arbeitskultur oder Arbeiterkultur gab es in der vorindustriellen Zeit nicht, obwohl die Menschen auch damals arbeiten mußten, wenn sie nicht dem Adel angehörten. Das lag unter anderem daran, daß die Chancen für einen gesellschaftlichen Aufstieg nur durch Arbeit ungemein gering waren. Man konnte durch Fleiß einen gewissen Wohlstand und soziale Sicherheit erwerben, blieb aber dennoch den großen wirtschaftlichen Zusammenbrüchen, wie sie etwa durch Ernteausfälle, Rohstoff- und Energieverknappung oder kriegerische Konflikte entstanden, stärker ausgeliefert als die Privilegierten, weil

36. Adolph Menzel, Eisenwalzwerk, 1885

Reichtum nicht gleich auch politische Macht bedeutete. Für eine kulturelle Überhöhung der Erwerbsarbeit gab es also keinen Anlaß.

Die überragende Bedeutung der Arbeit ergab sich erst im Zusammenhang mit dem Abbau von Privilegien, die sich durch das Ende der Mangelwirtschaft und eines mangelanfälligen Marktes erübrigt hatten. Erst dann eröffnete sich die Möglichkeit, durch Arbeit zu Reichtum und Macht zu gelangen und zwar individuell als Fabrikant oder Bankier oder auch kollektiv als Genossenschaftsmitglied oder Mitarbeiter einer prosperierenden Firma. Das heißt, der gültige Arbeitsbegriff mit seiner überragenden politischen Bedeutung entwickelte sich erst im Laufe des 19. Jahrhunderts, wobei die politische Bedeutung nicht mit einer ethischen und kulturellen gleichzusetzen ist.

Denn Arbeit verfolgte letztlich keinen Selbstzweck, sondern diente vornehmlich als Mittel zum gesellschaftlichen Aufstieg und führte schließlich dazu, sich selbst abzuschaffen. Es war zum Beispiel immer schon das Ziel der Gewerkschaften, die Wochenarbeitszeit wie auch die Lebensarbeitszeit zu verkürzen und zugleich Chancen bereitzuhalten für eine berufliche Weiterqualifikation, weil die üblichen industriellen Arbeitsplätze nicht als erstrebenswert galten. Die Forderung nach Arbeitsplatzerhaltung und Vollbeschäftigung ist also neu und unlogisch, sie wird von den Gewerkschaften erhoben und von den Wirtschaftsverbänden und staatlichen Behörden deswegen geteilt, weil eine Neuverteilung der Anspruchsberechtigungen ohne Arbeit genau diese Einrichtungen weitgehend überflüssig machen würde.

Bilder der Arbeit

Man muß festhalten, daß es eine spezielle, industrialisierte Arbeits- und Arbeiterkultur auch im 20.Jahrhundert nicht gegeben hat, jedenfalls keine die der sozialen und politischen Bedeutung der Arbeit angemessen war. Die künstlerischen Schwierigkeiten beim Umgang mit diesem Thema begannen schon bei den ersten Darstellungen der Industriearbeit im 19. Jahrhundert. Als Pars pro toto kann hier das 1875 von Adolph Menzel geschaffene Bild „Eisenwalzwerk" benannt werden, das vielen Darstellungen im 20. Jahrhundert als Vorlage diente und daher zu den berühmtesten Beispielen dieses Genres zählt. Es handelt sich hierbei um die Inszenierung körperlicher Arbeit, die noch betont wird durch die pausierenden Arbeiter im Vordergrund. Dieser körperliche Kampf gegen die physischen Widerstände war allerdings keine industrietypische, sondern bestenfalls eine archaische Arbeitshaltung. Dennoch folgten die Arbeitsbilder des 20. Jahrhunderts vornehmlich dieser sportiven und im wesentlichen falschen Symbolik, wobei man zwei unterschiedliche Begründungen unterscheiden muß.

Insbesondere eine junge, reformerisch gesonnene Künstlerschaft nutzte die Inszenierung einer betont körperlich anstrengenden Arbeitshaltung nicht zur Verherrlichung der Industriearbeit, sondern im Gegenteil als Zeichen des Widerstands gegen diese Art des Fortschritts. Die Künstler identifizierten sich mit der Rolle des Handwerkers, der in einem unzerteilten Arbeitsgang die Form aus dem Material bei größtmöglicher Berücksichtung seiner Eigenschaften herausarbeitete. Sie gaben damit ihrer grundsätzlichen Oppositionshaltung gegen alle Errungenschaften der Industriegesellschaft Ausdruck, die nach ihrem Dafürhalten einen großen Kulturverfall verschuldet hatte. Eine grundsätzliche Besserung konnte nur durch die Rückbesinnung auf die handwerklichen Wurzeln der Kunst gelingen. Die bevorzugte Ausdrucksform war daher archaisch und nicht artifiziell, das naturbelassene Material und die sichtbaren Arbeitsspuren bildeten die Opposition gegen die Maschinenform, deren mathematische Präzision als Symbol moderner Unmenschlichkeit und Zivilisationszerstörung gewertet wurde. Zur bildlichen Verdeutlichung dieser Gesinnung dienten dann Bauern, Holzfäller, Steinbrecher, also urtümliche, anstrengende Berufe und eben nicht Uhrmacher, Buchdrucker oder Goldschmiede. Selbst bei Rodins „Denker" erschien dieser Vorgang als gestischer Kraftakt, der von einem unbekleideten Körper ausgeführt und in seiner Wirkung durch die unbehandelte, roh belassene Oberfläche des Bronzegusses noch verstärkt wurde.

Eine antiindustrielle Kunstbewegung hatte also erst der handwerklichen Arbeit eine ausdrucksstarke, mitunter martialische Symbolik verliehen, als diese Produktionsform ihre Selbstverständlichkeit verlor.

Darauf gründete sich dann eine zweite, sozialistisch intendierte Bildsprache, die mit der Darstellung körperlicher Anstrengungen aber eine Verherrlichung des Industriearbeiters beabsichtigte und besonders unter Stalin zur Hochform fand. Offensichtlich machte es wenig aus, daß diese Symbolik dem Thema unangemessen war, wenn nur die Botschaft verstanden wurde. In einer Zeit der Hochöfen und Traktoren bedienten sich die kommunistischen Parteien der Embleme Hammer und Sichel – Handarbeitsgeräte von Kleingärtnern und Heimwerkern. Auch bei den Nazis furchten barfüßige Bauern mit Pferd und Ochs´ die Scholle, und die Stahlarbeiter standen immer noch hinter dem Amboß wie einst in der Schmiede.

Echte Produktionsmaschinen, Fließbänder, Hochöfen tauchten erst nach dem Zweiten Krieg in der Bildproduktion des sozialistischen Realismus auf, blieben aber selbst dann Ausnahmen. Das Thema Industriearbeit und Industriearbeiter entzog sich einer realistischen Wiedergabe, wenn damit eine positive Botschaft verbunden sein sollte. Die Arbeit ist monoton und erfordert dennoch ständige Aufmerksamkeit, so daß sie oft ganz isoliert und in einer angespannten Haltung ausgeführt werden muß. Je wahrhaftiger die bildliche oder künstlerische Behandlung dieses Themas ausfiel, desto diskriminierender wurde daher die Aussage. Darüber hinaus ergab sich das Problem, daß der ideologisch wichtige Unterschied zwischen der „niederen" Handarbeit und der „erhabenen" Kopfarbeit, die für den Mittelstand und das Bürgertum kennzeichnend war, verwischt wurde und zwar durch die Bedienungsinstrumente, Schaltpulte und Führerstände, die im Zuge einer größeren Ehrlichkeit ab den 70er Jahren häufiger in den Industriebildern auftraten. Solche Arbeitsszenarien gehörten schon zur Darstellung von wissenschaftlichen und technischen Tätigkeiten.

Trotz des zum Teil großen Gestaltungseifers kam es im 20. Jahrhundert zu keinen herausragenden künstlerischen Leistungen, zu keiner tragenden Übereinkunft bei der Bearbeitung des Arbeitsthemas und entsprechende Versuche verliefen im Sande, was sicherlich nicht nur an künstlerischer Ignoranz, sondern auch am allgemeinen Desinteresse des Publikums lag, auf das wir weiter unten zu sprechen kommen.

Moderne und Arbeit

Zuvor sollte noch ein Blick auf die Moderne und deren Verhältnis zur Industriearbeit geworfen werden. In den Anfängen, das heißt, kurz nach der Jahrhundertwende bis zum Beginn der 20er Jahre, vertraten die modernen Künstler wie alle Reformer einen handwerklichen Arbeitsansatz. Die erst später einsetzende Zusammenarbeit mit der Industrie brachte auch eine Erweiterung der künstlerischen Ausdrucksmittel. Man bediente sich nun auch der neuen technischen und maschinellen Reproduktionsverfahren, Film, Fotografie, neue Drucktechniken und Farbmaterialien hielten Einzug in die Bildproduktion; Stahl, Glas und Beton avancierten zu den bevorzugten Baumaterialien; das Industriedesign nutzte die neuesten Techniken der Metallverarbeitung und Kunststoffe, ohne daß die herkömmlichen handwerklichen Medien und Materialien ganz verschwunden wären. Die Entwürfe dienten einer ehrlichen Gestaltung der modernen, industriellen Gesellschaft, in der die Maschinen, die technischen und naturwissenschaftlichen Erfindungen eine größere Bedeutung hatten als die Menschen. Damit erübrigte sich eine Kunst der handwerklichen Unikate, die aber als Formvorbilder und Muster großserieller Herstellungen fortlebten und eine neue, wesentlich einflußreichere Existenz aufbauen sollten. Durch die vervielfältigte Erscheinung verlor diese Kunst dann jede Intimität und Sentimentalität, jede Kontemplation und jeden Willen zur persönlichen Ansprache, die Rezeption erforderte in erster Linie Intellekt, die

Erkenntnis und Anerkennung ihrer sachlichen Richtigkeit. Die kulturellen Bedürfnisse der sogenannten einfachen Leute wurden dabei ignoriert und überhaupt konzentrierte sich die Moderne mehr auf die Fabrikanten und Entscheidungsträger als auf die Industriearbeiter und die Massenkundschaft. Deren kulturelle Behäbigkeit und mangelndes Einverständnis mit der Gegenwart hätten nämlich gestalterische Kompromisse, Konzessionen an die Fortschrittsskepsis erfordert und damit einen Verlust an künstlerischer Qualität bedeutet. So unterbreitete die Moderne den Arbeitern keine Identifikationsangebote, sondern setzte ihre Hoffnung auf eine volkspädagogische Begleitung ihrer Arbeit, die aber im Wesentlichen erfolglos blieb. Wenn sich auch der Zuspruch auf einen kleinen Teil der Bildungselite beschränkte, so gelang es der Moderne doch wenigstens mit der technischen Entwicklungsgeschwindigkeit Schritt zu halten und sich auf diese Weise eine Kompetenz zu erarbeiten, die sie vom großen Publikum unabhängig machte.

Die zweite Phase der Moderne nach dem Zweiten Weltkrieg brachte dann eine wesentliche Akzentverschiebung. Ihre doppelte Denunziation als Unkunst durch das Dritte Reich und durch die DDR verschaffte ihr neue politische, moralische und ästhetische Implikationen. Sie wurde zur Zeugin einer demokratischen Gesellschaftsverfassung, welche die Freiheit von Forschung und Lehre garantierte, und diese Freiheit sollte nicht nur Erfindungen ermöglichen, sondern durch Bildung und Aufklärung zur Meinungsvielfalt beitragen und sogar Mehrheiten und Machtkonzentrationen kritisieren und kontrollieren helfen. Je mehr die Kunst dann dieser Aufforderung zur Einmischung nachkam, desto geringer wurde ihr Interesse an dem technischen Entwicklungsprozeß, den voranzutreiben eindeutig als Sache der politisch und wirtschaftlich Entscheidungsbefugten angesehen wurde.

Die Gesellschaftsbilder der Moderne basierten nicht mehr auf der Durchsetzung technischer und produktionstechnischer Entwicklungen, statt dessen ging es um einen neuen Humanismus, der sich als Emanzipation von Konventionen und Zwängen, als Entladung eines angestauten, kritischen Potentials verstand. Dadurch geriet die moderne Kunstproduktion der 60er und 70er Jahre unter den Druck eines hohen moralischen, ästhetischen und politischen Anspruchs, der sich nur mittels intensiver Durcharbeitung der künstlerischen Idee bewältigen ließ.

Der kritischen Absicht entsprachen auch die künstlerischen Formen, die eine grundsätzliche, meist agitatorische Opposition gegen alle gestalterischen Konventionen darstellten – ein sozial und politisch engagierter Antipopulismus, der nicht mehr den Erwartungen des traditionellen Kunstpublikums nachkommen, sondern auch in der Arbeiterschaft verstanden sein wollte. Durch die harte, unsentimentale Formensprache wurden aber die Arbeiter brüskiert, deren Kunstverständnis wesentlich an den Konventionen hing, während das Kunstpublikum bis auf einige konservative Ausnahmen dieser Entwicklung bereitwillig folgte. In ihrer politischen Absicht blieb die Moderne daher wirkungslos, weil sie ihre Anhängerschaft von der Mehrheitsmeinung isolierte.

Mit dem Beginn der 80er Jahre nahm der kritische Ehrgeiz immer mehr ab, die Kunst, das Design und die Architektur gingen dekorative Allianzen ein. Es etablierte sich in diesem Zusammenhang ein gemeinsames Stilverständnis, das in einer akademischen Selbsthistorisierung der Moderne einmündete, nachdem sich der formale Aufwand der 80er Jahre als Modeerscheinung verschlissen hatte, und offensichtlich wurde, daß die großen ökonomischen und politischen Veränderungen der 90er Jahre an dem Kulturbetrieb spurlos vorübergegangen waren. Daran ändert auch ein neuerlicher Purismus nichts.

Die so wiederbelebte klassische Moderne eignet sich vielmehr zum Ausdrucksmittel eines allgemeinen Bewahrungsinteresses. Bewahrt werden soll die industrielle Produktion, die Industriegesellschaft, deren adäquate Form die Moderne der 20er und 30er Jahre schon gefunden hatte, und bewahrt werden soll auch die Arbeitsgesellschaft, der die neomoderne Kunst mittels des eigenen, anspruchsvollen, akademischen Arbeitsbegriffs ebenfalls zum Ausdruck und zum Nachleben verhilft. Denn es gehört zu den Vereinbarungen des anspruchsvollen, ernsten Kulturbetriebs, daß eine künstlerische Idee durchgearbeitet sein muß und mehrere Sinnschichten aufweisen sollte, um sich von den bloßen Einfällen und Gags der kommerziellen Unterhaltungskultur zu unterscheiden. Die daraus folgenden Formen bereiten Verständnisprobleme, und der Genuß setzt Mühe voraus. Diese geforderte Mühsal ist allerdings selbstzweckhaft und unterstreicht nur die Anspruche der ernsten Kultur auf allgemeine Anerkennung und staatliche Einkünfte. Der Verständnisaufwand ergibt sich nicht logisch aus den Inhalten und Botschaften, wenn diese keine Beziehungen zu den aktuellen, gesellschaftlichen Problemen haben, sondern veraltet sind. So wird gerade eine puristisch auftretende, unberechtigt komplizierte Neomoderne zum Symbol des Widerstands gegen die Freizeitgesellschaft, zum Symbol für die Bewahrung einer veralteten, anachronistischen Industrie- und Arbeitsgesellschaft.

Unterstützt wird das künstlerische Bewahrungsinteresse hauptsächlich durch den Staat, der zugleich auch die wichtigste Versorgungsquelle der Neomoderne darstellt. Wie in der letzten Phase des Historismus am Ende des 19. Jahrhunderts auch ist die Neomoderne heute der bevorzugte Behördenstil. Es liegt nicht nur in ihrem materiellen Interesse mit behördlicher Genehmigung Aufklärungs- und Bildungsaufträge für die

Vermittlung völlig ritualisierter, unzeitgemäßer Inhalte wahrzunehmen, es geht der Neomoderne auch um die Bewahrung der ästhetischen Kompetenz, wohl wissend, daß sie in einer nachindustriellen Gesellschaft nicht mehr vorkommen würde.

Massenkultur und Arbeit

In den meisten düsteren Prognosen für eine nachindustrielle Gesellschaft wird vermutet, daß die kommerzielle, unterhaltsame Kultur die Alleinherrschaft übernimmt und so für einen radikalen Verfall künstlerischer Qualität sorgt. Diese Annahme ergibt sich unter anderem daraus, daß die Massenkultur den Arbeitsbegriff weiträumig umging und wenig Interesse hatte, sich realistisch mit den zeitgenössischen Arbeitsformen auseinanderzusetzen. Wobei man aber bedenken muß, daß dies nicht aus Prinzip geschah, sondern den Kundenwünschen entsprach.

Das Publikum stellte an die populäre Kultur zu keiner Zeit den Anspruch auf Widerspiegelung des Arbeitsalltags und Aufklärung über die herrschenden Arbeitsverhältnisse. Dafür gab es andere Vermittlungsformen und Austragungsorte, auch deswegen weil die Arbeit von den Arbeitern selbst überwiegend als eine kulturferne Angelegenheit betrachtet wurde. Die Aufgabe der Massenkultur war die Erholung und umfaßte körperliche Entspannung, Ablenkung von den Sorgen des Alltags, Abwechslung von der Monotonie der Arbeit, bequeme Befriedigung von Unterhaltungsbedürfnissen, aber nur solange der Alltag auch tatsächlich von Arbeitsbelastungen bestimmt war.

Auch wenn die populäre Unterhaltungskultur das Arbeitsthema ausließ, war sie dennoch eng, gleichsam negativ, damit verbunden. Das kann unter anderem mit der fortlaufenden Zerkleinerung einer ehemals homogenen Massenkultur in immer differenziertere Konsumangebote belegt werden. Solange es große, sozial geschlossene Arbeitsgemeinschaften gab, bestand auch Bedarf an gemeinsamen Kulturerfahrungen, der von den Massenmedien wie zuletzt dem Fernsehen am besten befriedigt werden konnte. Produktionstechnische Fortschritte, wachsender Wohlstand und wachsende materielle Sicherheit erbrachte eine soziale Differenzierung, womit das Bedürfnis nach Massenunterhaltung sank zugunsten einer größeren kulturellen Vielfalt, so daß heute von den Massenmedien nur die technischen Voraussetzungen, die Verbindungen und Geräte übrig geblieben sind, auf denen eine Unzahl verschiedener Programme laufen.

Das heißt also, überspitzt formuliert, echte Massenmedien gibt es nicht mehr, weil sie nicht mehr gebraucht werden. Das verweist auch schon auf das Ende der kommerziellen Unterhaltungskultur, da sich mit Erholung und Ablenkung nur dann Gewinne machen lassen, wenn es diese Bedürfnisse gibt. Die Behauptung, daß sich eine arbeitsfreie Gesellschaft durch Dauerentertainment kulturell, moralisch und ethisch selbst zugrunde richten wird, basiert auf der Annahme, daß sich Menschen ohne Arbeit genauso verhalten wie Menschen mit Arbeit in ihrer Freizeit, denn diese Art von Entertainment ist eine Erfindung des 20. Jahrhunderts, zugeschnitten auf die Bedürfnisse einer vollbeschäftigten Industriegesellschaft. Die oben beschriebene Entwicklung in dieser Branche legt nahe, daß diese Prognose falsch ist. Sollte die Notwendigkeit zur Erwerbsarbeit wegfallen, entfällt auch das Erholungs- und Ablenkungsbedürfnis und die auf diese Bedürfnisse ausgerichtete kommerzielle Kultur geht zugrunde.

Eine lebenssinnstiftende Qualität hatte die Haupterwerbsform, die Industriearbeit, nie – nicht weil sich Künstler diesem Thema verweigerten oder ihre Bemühungen ohne erfolgreiche Resultate geblieben sind, sondern weil die Arbeiter selbst ihre Betätigung nicht als kulturwürdig erachtet haben, weil sie sich nie mit ihrer Arbeit identifiziert haben. Deswegen bestand immer das Verlangen nach Ablenkung und mehr Freizeit, nach Arbeitserleichterungen, Arbeitszeitverkürzungen und beruflichen Aufstiegschancen zwecks Erlangung einer Tätigkeit, die man lieben und mit der man sich identifizieren konnte. Es ist also unwahrscheinlich, daß der Fortfall dieser entfremdeten Arbeit, und die ist hauptsächlich von der Rationalisierung bedroht, eine Kulturkrise auslösen würde.

Die Arbeitslosen leiden aber nicht nur daran, keine Beschäftigung zu haben, sondern auch an den sozialen Verlusten und an der Furcht oder der Erfahrung, nicht mehr an der Verteilung des gesellschaftlichen Reichtums beteiligt zu werden. Diese Furcht oder Erfahrung teilen sie mit vielen Beschäftigten, die um ihren Arbeitsplatz bangen. Deswegen herrscht mehrheitlich die Annahme, der Reichtum würde schwinden, aber er konzentriert sich nur. Die Beschäftigungskrise wird als eine Konsumkrise erfahren, aber nicht nur aus den bekannten ökonomischen Gründen.

Wichtig für die Identität und die Selbstbestätigung ist in jedem Fall der Konsum und die angenommenen Konsummöglichkeiten, die darin oft mehr Bedeutung haben als der Beruf. Damit kommt Produkten eine soziale Bedeutung zu, die sich vom reinen Gebrauchswert ablöst. Produkte müssen deswegen kommuniziert und gestaltet werden, damit sie auch Darstellungsmittel sein können. Mit der kleinseriellen Vervielfältigung der Produktpalette tritt ein Vermittlungsproblem auf, weil ein gemeinsamer Kenntnisstand verlorengeht und mit ihm die Lesbarkeit von Zeichen. Rangfolgen und Bewertungskriterien von Produkten werden heute nur noch in Clubs, abgeschlossenen Konsumgemeinschaften festgelegt, die außerhalb dieser Gruppen völlig unbekannt bleiben und nichts gelten.

Diese Zielgruppen-Produktionen wurden durch die Automatisierung möglich, die auch mehr Flexibilität zuläßt als die herkömmlichen Produktionsmethoden. Vollautomatisch hergestellte Produkte lassen sich also schneller und besser den Kundenwünschen anpassen und wechseln daher in kurzen Zyklen ihre Formen, ihre Zeichen. Diese werden dadurch für eine immer größere Allgemeinheit immer unleserlicher und der Prestigewert, die Botschaft der Zeichen verkümmert, so daß ganz zum Schluß nur noch der Gebrauchswert übrigbleibt. Die Inflation der Zeichen wirkt sich als eine Zerstörung der Kulturwerte aus, die an ein Produkt gebunden sind.

Die Inflation der Zeichen wird weiterhin angeheizt durch den Umstand, daß vollautomatisch erstellte Produkte keine erkennbare Erarbeitungszeit verbrauchen, keine Bearbeitungsspuren aufweisen, keine Geschichte haben und daher ohne erzählerischen Wert sind, was durch Formen- und Funktionsreichtum kompensiert werden soll.

Der soziale und kulturelle Bedeutungsverlust der Produkte betrifft nicht nur die vollautomatisch hergestellten, auch handwerkliche Unikate und selbst Kunst- und Baukunstwerke werden mit in diesen Konkurs gerissen. Gegenständliche Zeichensysteme verlieren insgesamt ihre Vermittlungsfähigkeit, verlieren ihre Fähigkeit, Aufmerksamkeit zu binden.

Der allgemeine Zusammenbruch einer Verständigung über Produktwerte entspricht dem volkswirtschaftlichen Bedeutungsrückgang von Produktionen überhaupt. Immer weniger

Einkommen hängen von dem kommerziellen Erfolg der Produktionen ab, so daß die Produkte immer günstiger werden und immer mehr Prestige dabei verlieren. Dieser Bedeutungsrückgang fällt zusammen mit einer Steigerung der Produktionen, bis hergestellte Gegenstände am Markt ebenso leicht verfügbar werden wie Lebensmittel. Dann hat der Besitz, Gebrauch und Verschleiß von Produkten überhaupt keine soziale, sondern nur noch individuelle Bedeutung, die Notwendigkeit von Zeichen, von bedeutsamer Produktgestaltung entfällt, und der Konsum von Produkten kann weder Sinndefizite der Arbeit noch Defizite des sozialen Ansehens kompensieren.

Der neue Markt

Die Entindustrialisierung macht Produkte, Produktionen und darauf aufgebaute politische und gesellschaftliche Strukturen bedeutungslos, weil die mit den Produktionen zusammenhängenden Probleme gelöst sind. Eine Agrargesellschaft zum Beispiel entwickelt auch spezielle Strukturen und Übereinkünfte, die sich logisch aus dem Lösungsbedarf ergeben, den die Landwirtschaft aufgibt. Eine fundamentale Lösung der typisch landwirtschaftlichen Probleme ergibt sich dann, wenn die Anzahl der vom Verkauf der Agrarprodukte abhängigen Einkommen sinkt, wenn die Agrarwirtschaft trotz vermehrter Produktion nur noch einen geringen Anteil an der gesamten Volkswirtschaft hat. Im Prinzip läuft die Entindustrialisierung heute nach diesem Schema ab.

Gemäß historischer Erfahrung etabliert sich schon während des Bedeutungsverfalls der Hauptwirtschaftsform ein neuer Markt, damit dann auch eine neue Hauptwirtschaftsform. In den meisten Fällen sind die neuen, bald marktführenden Produkte luxuriös, sie werden zwar von einer Mehrheit gemäß ihren Bedürfnissen verlangt, aber nur von einer begüterten Minderheit konsumiert, so daß ihnen ein existentieller Ernst fehlt. Am Ende einer Agrargesellschaft wird es ein vom Gutsherrn entlassener Landarbeiter als wenig zukunftsträchtig empfinden, wenn sein Sohn als Polsterer Arbeit findet, da man doch auch auf einem Strohsack sitzen kann. Bei mangelnder Weitsicht empfiehlt der Landarbeiter seinem Sohn, wenigstens zu versuchen, auch Landarbeiter zu werden, denn Nahrungsmittel sind notwendiger als Sessel. Es ist für den Vater also noch schlecht vorstellbar, daß Sessel binnen kurzer Zeit zur Grundausstattung jeder Wohnung gehören und Polsterer ein sicherer und solider Beruf sein wird.

Bei der Beschreibung des zukünftigen Marktes sollte man aus historischer Erfahrung keine Scheu haben, auch diejenigen Angebote in Betracht zu ziehen, die vom gegenwärtigen Kenntnisstand aus überflüssig, luxuriös und verzichtbar erscheinen. Sie müssen nur mehrheitlichen Bedürfnissen entsprechen, und diese lassen sich heute bereits gut erkennen. Es gibt einige Branchen, die entgegen der allgemeinen Wirtschaftslage schon seit Jahren prosperieren. Diese finden sich überwiegend im sogenannten Freizeitbereich, vor allem beim Tourismus, der noch vor wenigen Jahren eine wirtschaftliche Randexistenz führte, heute aber schon die Umsätze eingeführter Industrieproduzenten in den Schatten stellt. Hier zeichnet sich bereits eine entscheidende Veränderung des Konsumverhaltens ab.

Die Kundschaft zielt vermehrt auf Erlebnisse, die in erster Linie Zeit verschleißen, die Zeit ausfüllen, die durch die fortlaufende Arbeitszeitverkürzung, durch den andauernden Zeitdruck der Arbeitswelt übrigbleibt. Das Bedürfnis nach Zeitvertreib ergibt sich logisch aus der paradoxen Situation, daß das, wovon man lebt, nicht mehr beschäftigt. Dadurch wird Beschäftigung zur Ware, die Arbeitsform wird zur Konsumform. Zum

Beispiel bekam ein Segler, ein Matrose oder Kapitän, vor der Erfindung des Verbrennungsmotors Geld für seine Tätigkeit, ein Segler zahlt heute für diese Tätigkeit, das Segeln ist nicht mehr die Produktions- und Arbeitsform, sondern die Konsumform.

Damit weitete sich eine für das 20. Jahrhundert bereits seit seinen Anfängen typische Freizeitgestaltung zum ökonomischen Ernstfall aus, nämlich die Vermarktung altertümlicher, überlebter Betätigungen. Es begann unter anderem mit der Wandervogel-Bewegung, die um 1900 auch in Form der Ernährung und Übernachtung vergangene volkstümliche Reisegewohnheiten wiederholte. Zu einem gemütlichen Haus gehörte dann ein offener Kamin, also eine veraltete Heizquelle, deren Betrieb, Unterhalt und Pflege körperlichen Einsatz erforderte. Ähnliche Erlebnisse mit der praktizierten Geschichte bot neben dem Segeln und beschwerlichen Exkursionen in unwirtliche Regionen auch das Jagen und die Reiterei, um einige dieser zahlreichen Gegenwartsfluchten zu nennen. Zum Ende des 20. Jahrhunderts sind aus diesen nostalgischen Ersatz- und Hobbybetätigungen aufgrund der zunehmenden Freizeit und des gewachsenen Wohlstands umsatzstarke Wirtschaftsbranchen und ernstzunehmende Berufe entstanden. Das Pferd, das in den 60er Jahren bereits den Status einer zoologischen Rarität erworben hatte, erreichte am Ende dieses Jahrhunderts alleine in Westdeutschland eine Population von rund einer halben Million Exemplaren, die jährlich etwa 3 Milliarden deutsche Mark reine Unterhaltskosten verursachen. Rechnet man die Peripherie-Ausgaben vom Sattel bis zur Fachzeitschrift dazu, liegt das gesamte Umsatzvolumen nur in dieser Freizeitbranche sicherlich im zweistelligen Milliardenbereich, ohne daß ein Ende der Prosperität in Sicht ist.

Sicherlich sind solche Beschäftigungsnostalgien auch mit einer nostalgischen Kulturproduktion eng verbunden, Försterhäuser, Kuckucksuhren, altdeutsche Möblierung, röhrende Hirsche und Hirtenmädchen als Wandschmuck vervollständigen das Milieu. Eine berechtigte Ironie sollte aber den Blick nicht dafür verstellen, daß es sich hierbei um die Befriedigung einer konstant zunehmenden, nicht abnehmenden Bedürftigkeit handelt.

Das Bedürfnis nach zeitraubenden Aktivitäten bildet aber nicht die einzige Grundlage des neuen Marktes, wichtiger noch ist das Bedürfnis nach sozialen Kontakten. Mit der Entindustrialisierung zerlegt sich auch die ehemalige Massengesellschaft in immer kleinere Gemeinschaften. Aus den historischen Überlebensgemeinschaften wurden während der Industrialisierung riesige Produktionsgemeinschaften, wobei die Notwendigkeit der Gemeinschaftsbildung außer Frage stand. Mit einer völligen Entledigung vom Produktionszwang geht auch die Selbstverständlichkeit von Gemeinschaften verloren. Zum Beispiel wächst die Gruppe der Arbeitslosen ständig, ohne allerdings eine Gemeinschaft zu bilden, da der Grund, der Anlaß dafür, fehlt. Es treten also häufiger Vereinsamungen auf oder Unzufriedenheiten mit den zufällig vorhandenen Gemeinschaften, die dann in einem Mangel an sozialen Erfahrungen, an sozialer Bildung einmünden. Um diesen Mangel zu beseitigen, werden Gruppenbildungen, die Herstellung sozialer Kontakte häufiger als früher käuflich erworben. Die sozialen Gemeinschaften ergeben sich dann in der Mehrheit nicht mehr aus äußerlichen Bedingungen, sondern sind als Marktangebote auswählbar.

Fortschrittsskeptiker vermuten, daß wegen dieser Beliebigkeit feste soziale Bindungen, soziales Verantwortungsbewußtsein und politisches Engagement auf der Strecke bleiben werden. Außerdem geben solche käuflichen Gemeinschaften heute meist kein gutes kulturelles Bild ab, wenn das Fernsehen zum Beispiel Exzesse deutscher Reisegruppen im Ausland überträgt.

Andererseits muß man die freie Gestaltbarkeit von sozialen Gemeinschaften auch als eine Qualifizierungschance wahrnehmen, die den Zwangs- und Notgemeinschaften weit überlegen sein kann, weil der Bedarf an Bevormundungen, Gesetzen und Übereinkünften entfällt, die entweder das Individuum vor der Gruppe oder die Gruppe vor den Individuen schützen sollen. In jedem Fall prosperiert auch dieser Markt, der Stiftung von sozialen Kontakten anbietet, offensichtlich weil die Kundschaft zufrieden ist und nach weiteren Angeboten verlangt.

Die wertvollsten Waren des neuen Marktes sind jedoch Erlebnisse, die nicht nur Beschäftigung und Kontakte bieten, sondern auch Lebenssinn, der mit dem Untergang der Arbeitsgesellschaft für viele fraglich geworden ist. Dieses philosophische Problem stellt sich so dar, daß der Alltag keine wesentlichen Spuren in der Biographie mehr hinterläßt, insbesondere fehlen die erarbeiteten Veränderungen, die beruflichen Qualifikationssprünge und deren entscheidender Einfluß auf die Lebensgestaltung, so daß die persönliche Geschichte in Gefahr läuft, immer ereignisloser, oberflächlicher und substanzloser zu werden.

Einer arbeitslosen Gesellschaft fehlt es in diesem Sinne an Erlebnissen, an Erlebtem. Diesen bereits eingetretenen Mangel kompensieren viele zum Beispiel durch Urlaubsreisen oder ähnliche Aktivitäten und haben damit eine Erlebnisindustrie ins Leben gerufen, die allerdings noch in den Kinderschuhen steckt, das heißt, nicht genügend Sinn stiftet, sondern immer noch mit einer funktionierenden Arbeitswelt rechnet, von der sie nur kurzzeitig ablenken will. Diese Unreife dient den Fortschrittsskeptikern als Argument gegen diese Entwicklung, sie heben den Warencharakter dieser Erlebnisse hervor, die aufgrund ihrer Käuflichkeit unwahrhaftig, künstlich, vorgetäuscht und letztlich beliebig sind. Nach deren Meinung ergibt sich Lebenssinn und Selbstbewußtsein nur aus der mühevollen Bewältigung unabänderlicher Widerstände. Deswegen erscheint das besonders mühsame Kommunikationsmittel einer ernsten, anspruchsvollen Kultur als geeignetes Zeichensystem der Arbeitsgesellschaft und als Symbol der Zustandsbewahrung.

Andererseits ist das Wandern nur dann des Müllers Lust, wenn er dabei keinen Mehlsack schleppen muß. Ermühte Erlebnisse sind sicherlich substantieller und nachhaltiger als gekaufte oder geschenkte, aber auch nur dann, wenn die Mühe einen Sinn hat. Schleppt der Müller den Mehlsack, obwohl eine Karre zur Verfügung steht, nur um seinen Verdienstanspruch zu bewahren, tritt ein Sinnproblem auf, die Angelegenheit verliert ihren Erlebnischarakter und wird zur Selbstbestrafung.

Einen Sinn zu stiften, der den verlorenen Sinn der Arbeit ersetzt, der Beschäftigungsverluste und Verluste an Sozialität zurückgibt, kann Sache der Kultur sein. Das gelingt aber nur, wenn Kultur zu einer frei handelbaren Ware wird, die auch durch Kauf- und Konsumentscheidungen mitgestaltet werden kann. Solange sie sich als behördliches Erzeugnis und staatliche Dienstleistung begreift, kann sie auch nur mit den Staatsorganen ausgehandelte und behördlich genehmigte Inhalte vermitteln und kommt ohne Pädagogik, ohne Erziehungsinstrumente nicht aus.

Diese sicherlich gutgemeinte und vormals auch notwendige Bevormundung ist aber nicht nur anachronistisch, sie stimmt auch mit der demokratischen Verfassung einer Gesellschaft mündiger Bürger nicht mehr überein und hat als Garant für künstlerische Qualität weitgehend ausgedient. Der Angstgegner der Fortschrittsverhinderer, die massenmedial verbreitete Massenkultur, spielt auf dem neuen Markt nämlich keine wesentliche Rolle mehr, sie stiftet keinen Sinn, keine sozialen Kontakte und beschäftigt nicht. Statt dessen kann ein durch Nachfrage gesteuertes Kulturangebot sehr wohl Qualität erzeugen, wenn in erster Linie der Sinn nachgefragt wird. Falls es dazu kommt, wandelt sich die Industriegesellschaft in eine Kulturgesellschaft, Kulturaktivitäten sind dann die wichtigsten Produktions- und Konsumformen zugleich.

Daß es dazu kommt, hängt allerdings von der Reformwilligkeit der Gesellschaft ab, die zur Zeit aber so gut wie gar nicht vorhanden ist. Es fehlt die wichtigste Voraussetzung für eine Reform, nämlich der Abschaffungswille. Statt dessen herrscht überwiegend die Vorstellung, das Überkommene bewahren zu können und zugleich Neues in Probebetrieb zu nehmen. Damit erhält man künstlich nur die Probleme, die das Neue dann auch nicht lösen kann.

❧

DIE GESCHICHTE

Auch das Geschichts- und Zeitverständnis unterscheidet das 20. Jahrhundert von den vorangegangenen Epochen. Ein wesentlicher Grund dafür liegt in der radikalen Entaktualisierung des 19. Jahrhunderts und aller älteren Perioden, die mit dem Beginn des 20. Jahrhunderts vollzogen wurde. Damals kamen ein proletarischer und ein bürgerlicher Reformwille zusammen, die in politischer und kultureller Hinsicht einen Bruch mit der Vergangenheit herbeiführten. Man glaubte nicht mehr, wie im 19. Jahrhundert noch, an eine Stetigkeit der Veränderungen, an ein natürliches Evolutionsprinzip, sondern sah die Möglichkeit zu einer wahrhaftigen, tatsächlichen Änderung der gesellschaftlichen Verhältnisse nur noch in einem völligen Traditionsbruch und daraus hervorgehenden radikalen Neuanfang.

Diese revolutionäre Grundstimmung hatte sicherlich die alte feudale Machtelite des 19. Jahrhunderts verursacht. Obwohl er schon am Anfang des 19. Jahrhunderts die Regierungsfähigkeit weitgehend an bürgerliche Fachleute verloren hatte, gelang es dem Adel bis ins 20. Jahrhundert hinein, seine angestammte politische Macht im juristischen Sinne zu verteidigen, die feudalen Gesellschaftsstrukturen im Kern zu erhalten und über die Reichsgründung von 1871 hinwegzuretten. Diese Zählebigkeit führte zu einer Radikalisierung der bürgerlichen und proletarischen Gegner. Das Hinauszögern der notwendigen gesellschaftlichen Veränderung hatte nicht in allen Punkten zu einer Qualifizierung der neuen Gesellschaftsentwürfe geführt, in jedem Fall waren die Evolutionären in den Ruf mangelnder Durchsetzungskraft geraten und die Revolutionäre profitierten davon. So stellte sich der Übergang vom letzten Kaiserreich zur Republik in den Wirren des verlorenen Ersten

Weltkriegs im Kern als Bruch dar, als Bruch der Verfassung und der politischen Kultur.

Dem Adel war es im Laufe des 19. Jahrhunderts auch gelungen, die großen kulturellen und politischen Erfolge und Ereignisse der Geschichte als seinen ideellen und geistigen Besitz zu reklamieren, um damit die politischen und ökonomischen Kompetenzverluste wettzumachen. Da der Adel den alten Glanz nicht teilte, nahm er den Bürgern und vor allem den Industriearbeitern die Möglichkeit einer kulturellen Rückversicherung und historischen Identifikation. Das Recht auf politische Selbstbestimmung erhielt damit den Status einer historischen Einzigartigkeit, und eine Gesellschaft mit einer derartig traditionslosen Verfassung mußte sich auch eine eigenständige, unkonventionelle Kultur und Kommunikation zulegen, um überhaupt funktionieren zu können.

Das war jedenfalls die Meinung einer reformeifrigen bürgerlichen Bildungselite, die dann einen weiteren, philosophischen Bruch mit dem 19. Jahrhundert vollzog. Die Entaktualisierung der Vergangenheit begann mit einer fundamentalen Kritik an der Dialektik und der ihr innewohnenden Dynamik. Die Bildung von Thesen und Antithesen zum Zwecke der Erkenntnisgewinnung und Beweisführung war und ist eine typische Denkmethode von Fachleuten und Spezialisten, die von der Gewinnung und Umsetzung neuer Erkenntnisse leben und sich prototypisch nicht um höhere, etwa ethische Erkenntnisziele kümmern. Im Gegenteil, solche ethischen und moralischen Vorgaben, die sich dialektisch nicht ableiten lassen, wurden von Dialektikern seit der Antike immer als Erkenntniseinschränkung und -behinderung abgelehnt. Sie folgten nur dem Verlauf der Untersuchung, legten es auf Überraschungen an und nahmen auch in Kauf, daß diese böse sein konnten – Hauptsache: man hatte ein Ergebnis.

Am Ende des 19. Jahrhunderts wurde hauptsächlich von der akademischen Jugend wieder der alte Vorwurf der Verantwortungslosigkeit gegen die Dialektik erhoben. Man beklagte die Zerstörung kultureller Werte durch eine entfesselte, eigengesetzliche Ökonomie als dem letzten Resultat eines autistischen Forschungseifers. Dampfmaschine, Elektrizität, Eisenbahn, Kohlegewinnung und Hochöfen hatten Grenzen aufgehoben, Jahrhunderte alte Traditionen beendet, Landschaften entvölkert, neue gesichtslose Städte hervorgebracht, kulturelle Konventionen zerstört, neue Berufe geschaffen und alten die Grundlage entzogen — mit anderen Worten: ein Chaos erzeugt, daß der Profitgier diente, aber der Menschheit trotz aller Fortschritte nur schadete.

Also trachtete man danach, die Beschleunigungsfaktoren der technischen und produktionstechnischen Erfindungen und Erneuerungen unter eine ästhetische und ideologische Kontrolle zu bringen. Diese Ansicht war mehrheitsfähig und setzte sich in fast allen Gesellschaftsentwürfen dieser Zeit durch. So kam es zu der Umkehrung einer für das 19. Jahrhundert typischen Rangfolge, bei der die Produktionstechnik die geschichtliche Entwicklung bestimmte, während Kunst und Politik darauf reagierten.

Als das geeignete Instrument zur Fortschrittsbeherrschung oder -unterwerfung erschienen Religionssysteme. Es gründeten sich zu diesem Zweck meist jugendoptimistische Vereinigungen, Bünde, Sekten, die alle an dem Entwurf einer neuen, nicht-chaotischen Lebenskultur arbeiteten und die ein gemeinsames Feindbild hatten – den nur von Kommerz und Hochtechnologie angetriebenen Fortschritt. Die praktizierten Formen der neuen Lebenskultur zielten darauf, das Gefühl in die Lage zu bringen, den Verstand zu kontrollieren, die Vorherrschaft des Verstandes zu brechen, um damit die Vormacht der Technik zu beenden.

Der Verstand wurde als Instrument der Dialektik abgewertet, da er nur zerlegen und begrenzte Erkenntnisse gewinnen konnte, das letzte Ziel des Lebens jedoch nicht kannte. Dieses Ziel stiftete nur des Verstandes Widerpart, die Seele, das Gefühl, das untrüglich war und Harmonie erzeugen und empfinden konnte. Die Zusammenführung und neue Vereinheitlichung des Zerlegten und Chaotischen, angerichtet durch die Vorherrschaft einer technischen Intelligenz, konnte nur der Seele gelingen. Die seelischen Bedürfnisse bildeten das Zentrum der Gesellschaftsreformen, die auf eine größtmögliche Selbstübereinstimmung der Menschen zielten. Diese sollten die ganze Gesellschaft in einen absoluten Gleichklang, in eine vollendete Harmonie versetzen und so ein großes gesellschaftliches Gesamtkunstwerk entstehen lassen.

Der Entwurf des verlorenen, irdischen Paradieses stellte sich als Aufgabe einer reformierten Kunst und Kultur, die sich vom Diktat der Wissenschaft und Forschung befreit hatte, die sich nicht mehr nur an ein gebildetes Fachpublikum richtete, sondern an das ganze Volk. Um die große Popularität zu erreichen, entwickelte die Kultur- und Lebensreform unter Ausnutzung der frühen psychologischen Forschungsergebnisse eine auf Empfindungen, Nachempfindungen ausgerichtete Vermittlung. Man suchte zu diesem Zweck nach Kontinuität, nach überhistorischen, ewig gültigen, immer gleichbedeutenden Ausdrucksformen, Motiven, Proportionsgesetzen und Farbklängen, die sich für eine Neuformulierung der Kunst verwenden ließen, für eine neue Sprache der Kunst, die sich hauptsächlich über sentimentale Wirkungen verständlich machen wollte. Es entstanden daher zur Jahrhundertwende eine ganze Reihe kunsthistorischer und historischer Interpretationssysteme, die psychologistische, rassistische, biologistische und anthropozentrische Ansätze verfolgten. Tatsächlich entwickelte sich die beginnende Moderne zum Hauptabnehmer dieser Theorieleistungen, da sie an nichts mehr interessiert war als an der ewigen Zuverlässigkeit von Form-, Farb- und Materialwirkungen.

So wurden nicht nur die zentralen Ideen des 19. Jahrhunderts, sondern auch die Bedeutung und die Beweiskraft der Geschichte, der Entwicklung entmachtet. In diesem Zusammenhang wurde die Geschichtsbetrachtung Friedrich Nietzsches und anderer Lebensphilosophen populär, die der Geschichte eine materialistische Logik absprachen. Es ging ihnen letzten Endes darum, die Dynamik der Entwicklung zu brechen und zwar mittels einer völligen Irrationalisierung der Geschichte, die damit der Stillstandsideologie ausgeliefert wurde. Die unwiederholbaren Ereignisse verloren auf diesem Weg ihre Bedeutung, und sie sollten keine weiteren Ereignisse mehr provozieren können. An die Stelle dieser Art Fortschritt traten die ewigen Werte des menschlichen Seins, die sich seit dem Beginn der Zeiten in der Seele, in den Gefühlen als unabänderliche Verhaltens- und Empfindungsmuster eingelagert hatten. Diese Werte sollten wieder Gültigkeit erlangen und die Gegenwart bestimmen. Geschichte war demnach nicht durch die dynamische Folge materieller Problemlösungen bestimmt, sondern durch menschliche Willkür, nicht durch Verstandesleistungen, sondern durch Gefühlsstärke, nicht durch Technik, sondern durch Kultur, wenn sie als Medium des starken Willens und der starken Seele diente.

Daraus erklärt sich auch die große Bedeutung des nackten Körpers, der um die Jahrhundertwende als bevorzugtes und vielfach angewendetes Motiv in die Kunstproduktion zurückkehrte. Der menschliche Körper war ahistorisch, seine Proportionen und Formen gehorchten einem seit der Antike gültigen Schönheitsbegriff, außerdem löste das Motiv vor allem berechenbare, unwillkürliche Empfindungen und Gefühle bei der Betrachtung aus und das Verständnis bedurfte keiner Bildung. Dem ebenmäßigen, schönen Körper konnte zwecks Steigerung des Ausdrucks und der Wirkung weder etwas zugefügt noch etwas weggenommen werden, denn er hatte eine ihm eigentliche, höchste und letzte Qualität.

In der gleichen Absicht erschienen auch die Architektur und die kunstgewerblichen Produkte der Kulturreform nackt. Nichts sollte den Blick auf die Schönheit und Endgültigkeit ihrer Konstruktion verstellen. Und der reformierte Künstler hatte keine andere Aufgabe als die Gestaltung der Konstruktion und des Wesenskerns.

Hatte die Kunst des 19. Jahrhunderts noch überwiegend das Zeitgeschehen dekoriert, kommentiert und in historischen Kostümen vermittelt, so wurde sie abgelöst durch eine Kunst, die sich als Gesinnungsdevotionalie verstand, in der sich kosmische und weltanschauliche Bedeutungen entluden. Selbst einfachste Teekannen kündeten nun von der Güte und Größe ihrer Proportionen und Gestaltungsmethoden, vor allem dann, wenn das Ausgießen artistische Verrenkungen erforderte. Neben diesen Entladehemmungen der Bedeutung trat noch ein prinzipielles Vermittlungsproblem durch den Verzicht auf historische Verweise und Kostüme auf. Solche Verkleidungen hatten sich im 19. Jahrhundert als zweckmäßig erwiesen, die Wucht technischer Revolutionen so abzufedern, daß die neue Technik auch benutzt und durchgesetzt werden konnte. Diese Kunst diente trotz und wegen ihrer historistischen Erscheinungen der Fortschrittbeschleunigung. Nachdem die Kunst diesen Dienst an der Technik gekündigt hatte und mit eigenen, ästhetischen Revolutionen an die Öffentlichkeit trat, wurde sie selbstzweckhaft, verzichtete auf ihre vermittelnden, rhetorischen und erzählerischen Fähigkeiten und trat statt dessen deklamatorisch, kompromißlos und ästhetisch autoritär auf.

Damit zerfiel die Einheit von Kunst, Technik, Wirtschaft, Wissenschaft und Politik, obwohl die Erzeugung einer neuen Einheit unter einem ästhetischen und ideologischen Prinzip oder Diktat doch das Ziel war. Trotz der zum Teil heftigen ideologischen Widerstände seitens der Kulturproduzenten schuf der technische, wissenschaftliche und wirtschaftliche Fortschritt ständig neue Bedingungen, die den jeweils herrschenden oder angestrebten Gesellschaftsentwurf in Gefahr brachten.

Um den Idealismus zu retten und gegen immer wieder neu und anders auftretende Konflikte zu verteidigen, wurden im Laufe des 20. Jahrhunderts unablässig neue Gesamtkunstwerke, Gesellschaftsentwürfe und Staatsideen produziert, die alle letztlich nichts anderes wollten als einen kompletten Geschichts- und Entwicklungsstillstand. Der totale Neubeginn aller Verhältnisse sollte der Konstruktion nach so perfekt und vollkommen sein, daß keine Konflikte und Probleme mehr auftreten konnten, was am sichersten gelang, wenn es keine unvorhergesehenen Entwicklungen, keinen Fortschritt mehr gab. Logischerweise mußten sich die Anhänger dieser Ideen ins Rad der Geschichte werfen und einen Stillstand der Zeit erzeugen. Die einzig verbleibenden Unruhen des Werdens und Vergehens wurden meist in philosophischen Erklärungsmodellen als Kreisbahn dargestellt und so zum Ausgleich gebracht und wirkungslos gemacht, weswegen zum Beispiel asiatische Religionsmeinungen von einer zyklischen Wiedergeburt hoch im Kurs standen. Es endete nichts endgültig und begann nichts wirklich Neues, es waren immer nur Wiederholungen des gleichen Prinzips.

Daß diese Art von quasireligiösen Systemvorschlägen im 20. Jahrhundert besonders häufig auftraten, die Kultur und die

Geschichte entscheidend beeinflußten, hat sicherlich auch mit ihrer hohen Akzeptanz auf dem Meinungsmarkt zu tun. Dieser Markt wurde nicht nur vom Angebot, sondern auch von der Nachfrage bestimmt. Das massenhafte Verlangen nach kosmischen Lösungen erklärt sich aus dem Bewußtsein in einer Zeit zu leben, die beispiellos neu war, die sich nicht bei Religionen und Traditionen rückversichern konnte. So bestand kaum die Möglichkeit, neue Entwicklungen rechtzeitig als fehlerhaft und nachhaltig verderblich einzuschätzen. Dieser Mangel an Bewertungskriterien und die daher rührende Skepsis und Angst betraf in der Hauptsache alle Fortschritte, die von Spezialisten vorgeschlagen oder ausgelöst wurden. Die Sehnsucht nach der Sicherheit geschlossener Systeme, in denen es keine bösen Überraschungen mehr gab, die sich nicht mehr entwikkelten, bildete also die Massenbasis für die Vorherrschaft der Ersatzreligionen mit zentralisierter Entscheidungsbefugnis.

Bestes Beispiel dafür ist der Sozialismus, der auf einer dynamischen Ideologie des 19. Jahrhunderts basierte, beim Übergang vom 19. ins 20. Jahrhundert und mit der Machterringung in Rußland sich dann in ein theokratisches System wandelte, in eine Staatsreligion und einen Religionsstaat, der alle gesellschaftlichen Verhältnisse auf einem zu Anfang erreichten Entwicklungsstand einfror. Als zentrales Instrument zur Erzeugung des Stillstands diente dabei die Planwirtschaft, genauer gesagt, die dazu notwendige Festlegung von Bedürfnissen, die alles vorhersehbar machen sollte, die alles in die Wiederholung immer gleicher Abläufe überführte. Für diese Planungssicherheit wurde dann auf jede Veränderungsmöglichkeit der Verhältnisse verzichtet. Der von Marx selbst prognostizierte Übergang vom Sozialismus zum Kommunismus konnte im realen Sozialismus nicht mehr stattfinden, weder praktisch noch theoretisch. Jene monotoniesüchtige Friedhöflichkeit trugen nicht nur die sozialistischen Staatssysteme, sondern alle großen politischen und kulturellen Bewegungen des 20. Jahrhunderts in sich. Wobei die Publizität und realen Erfolge dieser Ideologien auf einem allgemeinen Zuspruch basierten und einem Massenbedürfnis entsprachen, das zu den wesentlichen historischen Merkmalen des 20. Jahrhunderts gehört.

Die Gemeinsamkeit der im Detail, in den Zielsetzungen und Begründungen unterschiedlichen Bewegungen bestand darin, daß sich alle Bemühungen jeweils auf den Entwurf eines fertigen, ausgereiften Systems richteten, das sich schon zu Beginn der Praxis als vollkommen beweisen sollte. Das führte dann zu einer weiteren Eigentümlichkeit des 20. Jahrhunderts, nämlich, daß die meisten künstlerischen und politischen Bewegungen in der radikalsten und maniriertesten Form begannen und sich in ihrem weiteren Verlauf entradikalisierten, versachlichten und schließlich als Abebbung endeten. Malewitschs „Schwarzes Quadrat", Duchamps „Flaschentrockner", Brancusis „Kuß" und die Aktionskunst der Dadaisten ereigneten sich vor 1914 und alle nachfolgenden modernen Kunstexperimente konnten diese Werke in ihrer Radikalität bestenfalls nur wiederholen. Auch die DDR und ihre Kultur begann mit großer Linientreue und fiel am Ende einer Selbstaufweichung zum Opfer. Lediglich der Nationalsozialismus bildete eine Ausnahme dieser Regel, da er in der Praxis harmloser anfing als er endete.

Systeme können immer nur die Probleme lösen und die Aufgaben bewältigen, für die sie programmiert wurden. Fehler, die innerhalb eines Systems notwendig auftreten, und die Probleme, die bei der Programmierung unberücksichtigt blieben, erscheinen immer dann als Bedrohung, wenn ein System mit dem Anspruch auf Endgültigkeit und Verbindlichkeit auftritt. Dieser Anspruch war für den Erfolg des jeweiligen Systems notwendig und ein Resultat der geistigen Verhältnisse des 20. Jahrhunderts, die keinen Fortschritt im evolutionären Sinne zuließen, sondern nur abgesicherte Zustände. Deswegen vollzog sich die Geschichte dieses Jahrhunderts in Brüchen. Es handelte sich dabei um Nachkommen des ersten großen Bruchs der Jahrhundertwende, die sich wie Nachbeben wellenförmig räumlich und zeitlich ausdehnten. Alleine in Deutschland gab es mit dem Kaiserreich, der Weimarer Republik, dem Dritten Reich, der DDR und der Bundesrepublik fünf Regierungsformen mit fünf vollkommen unterschiedlichen Verfassungen, die sich jeweils als das Gegenteil der vorangegangenen verstanden und sich in der zweiten Hälfte des Jahrhunderts in zwei unvereinbare, grundsätzlich verfeindete Staatsgebilde spalteten. Der Wechsel der Regierungsformen und die dazu notwendigen Verfassungsbrüche waren meistens begleitet von kriegerischen Auseinandersetzungen und erst im letzten Drittel des Jahrhunderts kam es mit überwiegendem Einverständnis der Bevölkerung zur Stabilisierung einer demokratischen Verfassung, so daß der letzte große Verfassungsbruch von 1989 erstmals ohne Blutvergießen ablief.

Aus größerer historischer Distanz betrachtet, bietet das 20. Jahrhundert also ein Bild des Grauens. Es war die blutigste und chaotischste Zeit, die die Menschheit bis dahin erleben mußte. Fast das ganze Jahrhundert herrschte ein globaler, mal heißer, mal kalter Kriegszustand, der bis an den Rand der völligen Selbstauslöschung getrieben wurde und zwar mit Argumenten, deren Bedeutung sich heute schon nicht mehr vollständig enträtseln lassen, wie das bei Religionskriegen so üblich ist. Auf der wahrscheinlich verzweifelten Suche nach den Ursachen wird man auch auf die ästhetischen Heilsprediger, insbesondere auf die eloquente Moderne und ihr esoterisches Erlösungsgefasel stoßen und diese zu Recht an der Irrationalisierung der geistigen Landschaften und am großen Verderben beteiligt sehen. Heute schon reift die Erkenntnis, daß es in diesem Jahrhundert keine künstlerische Entwicklung gegeben hat, sondern nur Zu- und Stillstände, einen traditionellen, volkstümlichen und einen zeitgemäßen, modernen, die sich nur abgewechselt haben und immer wieder zu ihrem Ausgangspunkt zurückgekehrt sind. Deswegen wird es in nicht allzu ferner Zukunft kaum noch möglich sein, die verlorene Datierung eines modernen Farbfeld-Gemäldes oder einer pflügenden Bäuerin durch Stilanalysen zu ersetzen. Es wäre daher auch eine Illusion anzunehmen, zukünftige Generationen würden die Moderne gut und die Antimoderne schlecht einschätzen, beide Strömungen waren beteiligt und sind als Zeugen des Jahrhundertwahnsinns geeignet.

Ganz gegen die noch herrschende Auffassung des 20. Jahrhunderts werden die technischen und naturwissenschaftlichen Errungenschaften von der Verurteilung ausgenommen bleiben, da insbesondere auf den Gebieten der Fortbewegung, Kommunikation und Energiegewinnung Erfindungen und Entwicklungen von menschheitsgeschichtlicher Bedeutung gelangen. Daß das 20. Jahrhundert wegen mangelnder Vernunft, fehlendem Pragmatismus und naiver Erlösungsbedürftigkeit nicht angemessen damit umgehen konnte, bedeutet nicht, daß Kernspaltung, Gentechnik, Automatisierung und elektronische Datenverarbeitung auch zukünftig Angst und Schrecken verbreiten werden. Nur kann die Kultur des 20. Jahrhunderts keine Hilfe dabei sein, aus diesen Fortschritten auch den richtigen Nutzen zu ziehen.

Der Kulturbetrieb heute befindet sich in Agonie. Die Entdogmatisierung der Politik und der allgemeine Abbau von Konventionen ab den 70er Jahren wurde von der Kultur nachvollzogen in Form einer Liberalisierung der Stilverständnisse, doch folgte daraus kein Wechsel der Inhalte und Absichten. Von den großen alten Botschaften blieben dadurch nur noch die leeren Vermittlungsformen übrig, die auf der Suche nach neuen Inhalten, nach Perspektiven zu immer neuen, eklektizistischen Arrangements zusammengestellt werden. Wegen des Mißlingens entsteht allmählich ein Bewußtsein, daß die alten Vermittlungsformen auch nur die alten Inhalte weitergeben können, daß der weitere Gebrauch der alten Formen unwillkürlich zu einer Entaktualiserung der Gegenwart und zu einer Historisierung der Kunst des 20. Jahrhunderts führt.

Die großen wirtschaftlichen und politischen Veränderungen des letzten Jahrzehnts haben also auch im Kunstbetrieb Reformen notwendig gemacht. Es fehlt aber an der mehrheitlichen Einsicht, daß die gegenwärtige Produktion nicht modern ist, nur weil sie nach 1900, nach dem großen Bruch geschieht. Und es überwiegt die irrtümliche Ansicht, daß der Geschichte angehört, was sich vor 1900 ereignet hat, während alle späteren Ereignisse immer noch zur Gegenwart zählen. Das trifft auch und insbesondere auf die traditionellen und volkstümlichen Kunstrichtungen zu, auf die Kunst des Dritten Reichs und die Kunst der DDR, die von dem zeitgenössischen modernen Kulturbetrieb als eine zumindest wieder aktualisierbare Gefahr betrachtet werden. Solange diese Meinung vorherrscht, solange die alten Konflikte die Auseinandersetzungen mit den neuen Zeiten behindern, bleibt der Reformwille gelähmt.

Erst wenn die Toten tatsächlich für tot erklärt sind, wird auch der moderne Kulturbetrieb erkennen, daß er um ein ganzes Jahrhundert hinter den technischen und produktionstechnischen, naturwissenschaftlichen und politischen Entwicklungsstand gefallen ist. Er wird erkennen, daß das Gelingen der Kunst als Kommunikationsmittel und Vermittlungsinstrument von der Nützlichkeit der Inhalte und Botschaften abhängt, die sich heute aus dem allgemeinen, ständig wachsenden Orientierungs- und Aufklärungsbedarf ergeben. Und er wird schließlich erkennen, daß die Bearbeitung der aktuellen Probleme neue Formen erfordert, die weder von einem konservativen noch modernen Kunstbegriff, die weder politisch-behördlich noch volkstümlich gedeckt sind.

In diesem Sinne sind die beiden Ausstellungen zur Kunst des Dritten Reiches und der DDR zu verstehen, sie sollen im Rahmen der großen Jahrhundertausstellung „Aufstieg und Fall der Moderne" dazu beitragen, die alten Konflikte, die alten, mittlerweile ritualisierten Kämpfe zu begraben. Die Gestaltung der Zukunft erfordert Mut und Energie, die sich nur aus einer Befreiung von der Geschichte des 20. Jahrhunderts, von den ungültig gewordenen Handlungsanleitungen ergeben können.

LITERATUR „KUNST DES DRITTEN REICHS"

Adam, Peter, Art of the third Reich, New York 1992

Arndt, Karl, Filmdokumente des Nationalsozialismus als Quelle für architekturgeschichtliche Forschungen, in: Moltmann, Günter u. Karl Friedrich Reimers (Hrsg.), Zeitgeschichte in Film- und Tondokumenten, Göttingen — Zürich — Frankfurt 1970, S. 39-68

Backes, Klaus, Hitler und die bildenden Künste, Kulturverständnis und Kunstpolitik im Dritten Reich, Köln 1988

Behne, Adolf, Entartete Kunst, Berlin 1947

Behnken, Klaus u. Frank Wagner (Hg), Inszenierung der Macht. Ästhetische Faszination im Faschismus, hrsg. v. NGBK , Berlin 1987

Bleuel, H.P., Das saubere Reich Eros und Sexualität im Dritten Reich, Bergisch-Gladbach 1979

Borrmann, Norbert, Paul Schultze-Naumburg, Maler, Publizist, Architekt 1969-1949, Essen 1989

Böttcher, Robert, Kunst und Kunsterziehung im neuen Reich, Breslau 1933

Breker, Arno, Im Strahlungsfeld der Ereignisse, Preussisch Oldendorf, 1972

Brenner, Hildegard, Die Kunstpolitik des Nationalsozialismus, Reinbeck bei Hamburg 1963

Brock, Bazon u. A. Preiß (Hg), Kunst auf Befehl? dreiunddreißig bis fünfundvierzig, München 1990

Broszat, M., E. Fröhlich, A. Grossmann (Hg), Bayern in der NS-Zeit, München 1981

Brülls, Holger, Neue Dome, Wiederaufnahme romanischer Bauformen und antimoderne Kulturkritik im Kirchenbau der Weimarer Republik und der NS-Zeit, Berlin-München 1994

Burger, Fritz; Weltanschauungsprobleme und Lebenssysteme in der Kunst der Vergangenheit; München 1918

Busch, Günter, Entartete Kunst, Geschichte und Moral, Frankfurt/M 1969

Busch, Karl, Raum- und Zeitgesetze deutscher Kunst, Eine allgemeine Einführung, Berlin 1935

Bushart, Magdalena, B. Nicolai, W. Schuster (Hg), Entmachtung der Kunst, Architektur, Bildhauerei und ihre Institutionalisierung 1920 — 1960, Berlin 1985
Clemens-Schierbaum, Ursula, Mittelalterliche Sakralarchitektur in Ideologie und Alltag der Nationalsozialisten, Weimar 1995
Dilly, Heinrich, Deutsche Kunsthistoriker 1933-45, München-Berlin 1988
Dittmann, Lorenz Hrsg.; Kategorien und Methoden der deutschen Kunstgeschichte 1900-1930; Stuttgart 1985.
Dresler, Alfred, Deutsche Kunst und entartete Kunst, München 1938
Eberlein, Karl Kurt, Was ist deutsch in der deutschen Kunst?, Leipzig 1934
Gantner, Joseph; Revision der Kunstgeschichte; Wien 1932.
Giesler, Hermann, Ein anderer Hitler, Bericht seines Architekten Hermann Giesler, Leoni 5. Aufl., 1982
Goldhagen, Daniel Jonah, Hitlers willige Vollstrecker, Ganz gewöhnliche Deutsche und der Holocaust, Berlin 1996
Grosshans, Henry, Hitler and the Artists, New York 1983
Günther, S., Innenräume des „Dritten Reiches", Berlin 1978
Harten, Jürgen, H.-W. Schmidt, M.L. Syring (Hg), „Die Axt hat geblüht...", Europäische Konflikte der 30er Jahre in Erinnerung an die frühe Avantgarde, Ausstellungskatalog Städtische Kunsthalle Düsseldorf 1987, Düsseldorf 1987, S.327
Held, J., Kunst und Kulturpolitik in Deutschland 1945-1949, Berlin 1981
Hermand, Jost, Der alte Traum vom neuen Reich, Völkische Utopien und Nationalsozialismus, Frankfurt/M 1988
Hinz, Berthold (Hg), NS-Kunst: 50 Jahre danach, Marburg 1989
Hinz, Berthold (Hrsg.), Die Dekoration der Gewalt, Gießen 1979
Hinz, Berthold, 1933/45: Ein Kapitel kunstgeschichtlicher Forschungen seit 1945, in: Kritische Berichte, Bd.14, 1986, Heft 4, S.18 ff
Hinz, Berthold, Die Malerei im deutschen Faschismus, Kunst und Kulturrevolution, Frankfurt a.M. 1977
Jaeger, Charles de, Das Führermuseum Sonderauftrag Linz, Esslingen — München 1988
Jantzen, Hans, Geist und Schicksal deutscher Kunst, Köln 1935

Kiener, Hans, Das Haus der deutschen Kunst, in: Grundsteinlegung des Hauses der deutschen Kunst, München 15.10.1933, hrsg. v. Gauleitung München der NSDAP, München 1933, S. 25-28

Kubin, Ernst, Sonderauftrag Linz, Wien 1989

Kühnl, R., Der deutsche Faschismus in Quellen und Dokumenten, Köln 1975

Kunst im 3.Reich – Dokumente der Unterwerfung, hrsg. G. Busmann, Aus.-Katalog Frankfurt/M 1974

Lemoine, Bertrand, Paris 1937, Cinquantenaire, Katalog der Ausstellung Institut Francaise d'Architecture, Paris 1987

Merker, Reinhard, Die bildenden Künste im Nationalsozialismus, Köln 1983

Miller-Lane, Barbara, Architektur und Politik in Deutschland 1918-1945, Schriften des deutschen Architekturmuseums Frankfurt, Braunschweig 1986

Moeller van den Bruck, Arthur, Das ewige Reich, Bd. I-III, Breslau 1933-1935

Pinder, Wilhelm, Die bildende Kunst im neuen deutschen Staat, in: Wilhelm Pinder, Reden aus der Zeit, Leipzig 1943, S.50

Pinder, Wilhelm; Sonderleistungen der deutschen Kunst, Eine Einführung; München 1944.

Pinder, Wilhelm; Vom Wesen und Werden deutscher Formen. Eine geschichtliche Betrachtung. Bd. I: Die Kunst der deutschen Kaiserzeit; Leipzig 1935; Bd.II: Die Kunst der ersten Bürgerzeit. Leipzig 1937.

Pinder, Wilhelm; Wesenszüge deutscher Kunst; Leipzig 1940.

Pinkwart, Ralf-Peter, Paul Schultze-Naumburg, Ein konservativer Architekt des frühen 20.Jahrhunderts, Das bauliche Werk, Diss. Halle-Wittenberg 1990

Price, Billy F., Adolf Hitler als Maler und Zeichner, Zug (Schweiz) 1983

Pröstler, Viktor, Die Ursprünge der nationalsozialistischen Kunsttheorie, Diss. München 1982

Rasp, Hans-Peter, Eine Stadt für tausend Jahre. München — Bauten und Projekte für die Hauptstadt der Bewegung, München 1981

Rave, Paul Ortwin, Kunstdiktatur im Dritten Reich, Hamburg 1949

Rosenberg, Alfred, Der Mythus des 20.Jahrhunderts, München 1930

Roxan, David u. Ken Wanstall, Der Kunstraub, München 1966

Schirmbeck, Peter, Adel der Arbeit. Der Arbeiter in der Kunst in der NS-Zeit, Marburg 1984
Scholz, Robert, Architektur und bildende Kunst 1933-45, Preussisch Oldendorf 1977
Schönberger, Angela, Die neue Reichskanzlei von Albert Speer, Zum Zusammenhang von nationalsozialistischer Ideologie und Architektur, Berlin 1981
Schultze-Naumburg, Paul, Die Architektur im Dritten Reich, in: Deutsche Bauzeitung, 67.Jg. 1933, H.17, S.324 f
Schultze-Naumburg, Paul, Die Bedeutung der Rasse in der Baukunst, in: Volk und Rasse, 9.Jg. 1934, S.288 ff
Schultze-Naumburg, Paul, Die Kunst der Deutschen, Ihr Wesen und ihre Werke, Stuttgart-Berlin 1934
Schultze-Naumburg, Paul, Kulturarbeiten, Hg. v. Kunstwart, Bd.I-IX, München 1908-1917
Schultze-Naumburg, Paul, Kunst aus Blut und Boden, Leipzig 1934
Schuster, Peter-Klaus (Hg), Kunststadt München 1937, Nationalsozialismus und „Entartete Kunst", München 1987
Senger, Alexander von, Die Brandfackel Moskaus, Zurzach 1931
Speer, Albert, Erinnerungen, Frankfurt — Berlin 1969
Speer, Albert, Spandauer Tagebücher, Frankfurt — Berlin — Wien 1975
Spengler, Oswald, Der Untergang des Abendlandes, Umrisse zu einer Morphologie der Weltgeschichte, 2 Bde., München 1920/22
Staeck, Klaus (Hrsg), Nazi-Kunst ins Kunstmuseum?, Göttingen 1988
Stommer, Raimer, Reichsautobahnen, Pyramiden des Dritten Reiches, Analysen zur Ästhetik eines unbewältigten Mythos, Marburg 1982
Stommer, Rainer, Die inszenierte Volksgemeinschaft, die „Thing-Bewegung" im Dritten Reich, Marburg 1988
Thomae, Otto, Die Propaganda-Maschinerie, Bildende Kunst und Öffentlichkeitsarbeit im Dritten Reich, Berlin 1978
Treue, Wilhelm, Kunstraub, Über die Schicksale von Kunstwerken in Krieg, Religion und Frieden, Düsseldorf 1957
Vondung, Klaus, Apokalypse in Deutschland, München 1989
Vondung, Klaus, Magie und Manipulation, Ideologischer Kult und politische Religion im Nationalsozialismus, Göttingen 1971

Warnke, Martin (Hg), Das Kunstwerk zwischen Wissenschaft und Weltanschauung, Gütersloh 1970
Weigert, Hans, Die heutigen Aufgaben der Kunstwissenschaft, in: Kunstwissenschaftliche Studien, Band XVII, Berlin 1935
Wolbert, Klaus, Die Nackten und die Toten des „Dritten Reiches" — Folgen einer politischen Geschichte des Körpers in der Plastik des deutschen Faschismus, Giessen 1982
Wulf, Joseph, Die bildenden Künste im Dritten Reich, Eine Dokumentation, Frankfurt-Berlin-Wien 1983

LITERATUR „KUNST DER DDR“

… sie malen ja nur. „Zeitvergleich 88, aktuelle Malerei aus der DDR“ — ein Rückblick, hrsg. v. Dieter Brusberg, Brusberg-Dokumente 19, Berlin 1989

Bown, Matthew Cullerne, Kunst unter Stalin 1924-1956, München 1991

Brigitte Reimann/Hermann Henselmann, Briefwechsel, hrsg. v. Ingrid Kirchey-Feix, Berlin 1994

Damus, Martin, Malerei in der DDR, Funktionen der bildenden Kunst im Realen Sozialismus, Reinbek b. Hamburg 1991

Damus, Martin, Sozialistischer Realismus und Kunst im Nationalsozialismus, Frankfurt/M 1981

Die Depots der Kunst, Dokumentationszentrum Kunst der DDR Burg Beeskow, Symposium 13.-15.11.96, Beeskow 1996

Die Einübung der Außenspur, Die andere Kultur in Leipzig, hrsg. v. Uta Grundmann, Klaus Michael, Susanna Seufert, Leipzig 1996

Feist, Peter H. u. Eckhard Gillen, Stationen eines Weges, Dokumentation zur Kunst und Kunstpolitik der DDR 1945-1988, Berlin 1988

Flacke, Monika (Hg), Auf der Suche nach dem verlorenen Staat, Berlin 1994

Flacke, Monika (Hg), Auftrag: Kunst 1949-1990, Bildende Künstler in der DDR zwischen Ästhetik und Politik, Ausstellungskatalog, Berlin 1995

Gillen, Eckhart, Rainer Haarmann (Hg), Kunst in der DDR, Köln 1990

Groys, Boris, Zeitgenössische Kunst aus Moskau, Von der Neo-Avantgarde zum Post-Stalinismus, München 1991

Grüning, Michael, Der Wachsmann-Report, Auskünfte eines Architekten, Berlin 1988

Henselmann, Hermann, Wie können wir durch die Pflege unserer Städte die Heimatliebe vertiefen?, Berlin 1954

Henselmann, Hermann, „Ich habe Vorschläge gemacht“, hrsg. v. Wolfgang Schäche, Berlin 1995

Jäger, Manfred, Kunst und Politik in der DDR 1945-1990, Köln 1994

Jenseits der Staatskultur, Traditionen autonomer Kunst in der DDR, hrsg. v. Gabriele Mutscher und Rüdiger Thomas, München-Berlin 1992

Kaiser, Paul, Claudia Petzold, Boheme und Diktatur in der DDR, Gruppen Konflikte Quartiere 1970–1989, Deutsches Historisches Museum Berlin 1997

Kuhirt, Ullrich (Hg), Kunst der DDR 1945-1959, Leipzig 1982

Kuhirt, Ullrich (Hg), Kunst der DDR 1960-1980, Leipzig 1983

Kunstdokumentation SBZ/DDR 1945-1990, hrsg. v. Günter Feist, Eckhart Gillen, Beatrice Vierneisel, Köln 1996

Musealisierung der DDR? 40 Jahre als kulturhistorische Herausforderung, hrsg. v. Katharina Flügel, Wolfgang Ernst, Alfter 1992

Ostwind, Fünf deutsche Maler aus der Sammlung der GrundKredit-Bank, Gerhard Altenbourg, Bernhard Heisig, Wolfgang Mattheuer, Harald Metzkes, Werner Tübke, Ausstellungskatalog Berlin 1997

Reuter, Jule (Hg), Gegenkunst in Leningrad, Zeitgenössische Bilder aus der inneren Emigration, München 1990

Sachs, Angeli, Erfindung und Rezeption von Mythen in der Malerei der DDR, Berlin 1994

Totalitäre Kunst – Kunst im Totalitarismus, Beispiele aus dem NS-Staat und der DDR, hrsg. v. Andreas Beaugrande, Bielefeld 1997

Wolle, Stefan, Die heile Welt der Diktatur, Alltag und Herrschaft in der DDR 1971-1989, Berlin 1998

Zeitvergleich, Malerei und Grafik aus der DDR, hrsg. v. Art-Das Kunstmagazin, Hamburg 1983

Zur Theorie des sozialistischen Realismus, hrsg. v. Institut für Gesellschaftswissenschaften beim ZK der SED, Berlin 1974